**옮긴이 김정환**

건국대학교 토목공학과를 졸업하고 일본외국어전문학교 일한통번역과를 수료했다. 21세기가 시작되던 해에 우연히 서점에서 발견한 책 한 권에 흥미를 느끼고 번역의 세계를 발을 들여, 현재 번역 에이전시 엔터스코리아 출판 기획 및 일본어 전문 번역가로 활동하고 있다.

경력이 쌓일수록 번역의 오묘함과 어려움을 느끼면서 항상 다음 책에서는 더 나은 번역, 자신에게 부끄럽지 않은 번역을 하려고 노력 중이다. 공대 출신의 번역가로서 공대의 특징인 논리성을 살리면서 번역에 필요한 문과의 감성을 접목하는 것이 목표다. 옮긴 책으로는『리더의 길을 묻다』,『일과 성공의 길을 묻다』,『경영의 길을 묻다』,『사장을 위한 MBA 필독서 50』,『신의 멘탈』,『손정의 제곱 법칙』,『생각 망치』등이 있다.

마쓰시타 고노스케

# 길을 열다

마쓰시타 고노스케

# 길을 열다

21세기북스

**일러두기**

- 이 책은 저자의 대표 저작물인 『길을 열다道をひらく』를 한국어판으로 출간한 것이다.

- 이 책에서는 저자가 창립한 파나소닉(구舊 마쓰시타전기)의 각 그룹사와 그 밖의 기업명에 대해 원서의 초판 발간 당시 사명을 그대로 사용했으며, 시간을 나타내는 표현 또한 저자가 글을 쓴 시점상 표기를 그대로 반영하되 독자의 이해를 돕기 위해 일부 연대를 덧붙였다.

- 오늘날에는 적절하지 않을 수 있다고 생각되는 표현이 일부 존재하지만 당시의 시대 상황을 감안해 그대로 남긴 것도 있다. 양해 바란다.

## 들어가며

✳

이 책은 PHP 연구소의 기관지인 『PHP』의 뒤표지에 연재한 단문 가운데 121편을 엄선해 정리한 것이다.

그 한 편, 한 편은 그때그때의 감회를 있는 그대로 표현한 것이지만, 몸도 마음도 풍요로운 번영의 사회를 실현하고 싶다는 내 나름의 바람을 다소나마 글에 담았다. 일개 국민, 일개 시민으로서 내 생각이 어떤 식으로든 참고가 된다면 참으로 행복할 것이다.

1968년 3월 5일
마쓰시타 고노스케

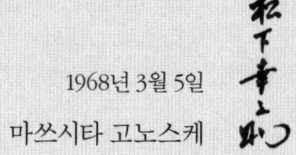

# 차례

들어가며      5

## 1장 ✳ 운명을 개척하기 위해

자신에게만 주어진 길      16

있는 그대로 받아들이고 산다      19

뜻을 세우고 나아간다      21

손으로 더듬듯 조심스레 걸어라      23

자연의 이치를 따른다      25

다양한 삶의 모양을 존중하자      28

인생은 진검승부다      30

피할 수 없을 땐 그저 나아가라      32

시비선악 이전의 문제      34

병을 기꺼이 받아들인다      36

삶과 죽음을 함께 준비하라      38

## 2장 ✳ 하루를 새롭게 시작하기 위해

매일을 새롭게 맞이한다      44

시야를 넓히는 훈련      46

주변에 나를 비추어 보라     48

할 수 있는 최선을 다한다     51

언제든 비가 내릴 수 있음을 잊지 말라     53

하루에 세 번 바뀐다는 각오     55

"왜?"라고 물어라     58

당당하게 핀 한 송이 꽃처럼     60

나만의 특성을 살린다     62

궁리하지 않는 생활을 두려워하라     64

## 3장 ✳ 함께 살아가는 삶을 위해

인연의 힘을 기억하라     70

인사는 윤활유다     72

가능한 한 내 것을 나눠라     74

장점도 단점도 품는다     76

인내와 관용이 중요한 이유     78

서로를 살리는 길     81

나의 책임을 자각한다     83

진심 어린 질책을 받아들인다     85

인간만이 할 수 있는 일     87

세상 물정을 모르는 사람이란     90

마음을 주고받을수록 힘은 커진다     92

## 4장 ✳ 결단의 순간에 서 있을 때

일단 결단하라     98

먼저 듣고 지시하라     100

흔들리는 것보다 협력하지 못하는 것이 두렵다     102

판단하고 실행하는 힘     105

눈앞의 작은 이익에 집착하지 말라     107

술책이 없는 것이 술책이다     109

숨통을 끊는 결단력     111

감도 능력이다     113

관점을 달리하면 세상의 보물이다     115

자문자답을 반복한다     119

끈기 있게 밀어붙여라     121

고민하는 것을 부끄러워 말라     123

## 5장 ✳ 어려움을 헤쳐나가기 위해

걱정도 환영하라     128

때를 기다리는 마음     130

고난의 기로에 섰을 때 필요한 생각     132

곤란해도 곤란해하지 않는다     134

세상의 명암을 이해한다     136

일을 승부로 여기는 자와 아닌 자의 차이     139

인내라는 덕     141

## 6장 ✳ 자신감을 되찾고 싶을 때

넘어져도 소득 없이는 일어나지 않는다     146

실패인가, 성공인가     148

모든 일은 종이 한 장의 차이     150

절대적 확신 대신 가져야 할 자세     152

어떤 때든 마음을 정해야 한다     155

최선을 다하는 마음     157

경직되어서는 안 된다 159

세상의 도리를 따라야 한다 161

한 사람의 지혜에만 의존하지 말라 163

겨울이 지나면 결국 봄이 온다 165


**7장 ✳ 일의 성과를 높이기 위해**

'나의 일'은 어디까지인가 170

일하는 방식을 늘 고민하라 172

신중하게, 꼼꼼하게, 빠르게 174

결국 마무리가 전부다 176

깃발부터 파악하라 178

아이처럼 집요하게 따라다닌다 181

성과를 끌어당기는 힘 183

일의 성패보다 더 중요한 것 185

작은 일에도 소홀하지 않아야 무너짐이 없다 187

프로라는 자각 190


**8장 ✳ 사업을 성장시키기 위해**

관점을 바꾼다 196

장사의 숭고함 198

어떻게 성과를 냈는가 200

팬이 있다는 것의 의미 202

두 손을 모아 인사한다 204

사소한 일의 위력 207

적에게서도 배운다 209

위험한 일에 일부러 뛰어들어라 211

열의를 품는다 213

분점을 경영하듯 일하라 215

같은 돈, 다른 가치 217

끝까지 추적하라 219


9장 ✳ **자주적인 태도로 살기 위해**

스스로 터득한다 224

자기중심적인 생각에서 벗어나라 226

타고난 환경에 안주하지 않는다 229

두려움 없는 삶이 더 위험하다 231

자리 잡고 앉아 있을 때가 아니다 233

치세일수록 난세를 기억하라 235

일을 소중히 여긴다 237

나를 아는 것부터 시작하라 239

다시 한번 절박한 심정으로 241

평상시의 마음으로 돌아가라 244

돌고 돌아 나와 연결된다 246

가르쳐야 성장한다 248

모든 것에서 배워야 한다 250

길은 가장 평범한 곳에 있다 253

공경하는 마음을 가져야 하는 이유 255

남의 일도 내 일처럼 생각하라 257


10장 ✳ **보람 있는 인생을 살아가기 위해**

진실을 마주한다 262

씻기는 감자처럼 사람도 단련된다 264

연말은 넘길 수 있어도 삶의 끝은 넘길 수 없다     266

인정하고 책임진다     268

덕은 근면에서 생겨난다     270

지혜에도 폭이 있다     273

흉내부터 내기 전에 알아야 할 것     275

정신을 드높여라     277

경험의 위대함     280

헤치고 들어가라     282

## 11장 ✳ 더 나은 나라를 만들기 위해

나라의 길을 연다     288

각오는 되었는가     290

모든 일의 바탕은 신념이다     292

내 일이라 생각해야 흥한다     294

평화와 전쟁 사이     297

담소로도 풀린다     299

빠르게 깨닫는다     301

정치란 무엇인가     304

너무 많은 것을 바라고 있진 않은가     306

대중에게 봉사하라     308

댐 같은 마음가짐     310

좋은 나라를 생각하다     312

저자 연보     316

비가 내리면 사람들은 자연스럽게 우산을 펼친다.
이 자연스러운 마음의 작용을, 그 솔직함을
우리는 평소에 그다지 깨닫지 못하고 있다.
하지만 이 솔직한 마음, 자연스러운 마음속에야말로
사물 그대로의 모습, 진실을 파악하는
위대한 힘이 있음을 배웠으면 한다.
무엇에도 얽매이지 않는 평온한 마음으로
이 세상과 자신의 일을 되돌아볼 때
인간으로서 해야 할 일, 국가로서 선택해야 할 길이
자연스레 분명해질 것이다.

1장

운명을
개척하기 위해

# 자신에게만 주어진 길

자신에게만 주어진 길이 있다. 하늘이 내려 준 고귀한 길이 있다. 어떤 길인지는 알 수 없지만, 다른 사람은 걷지 못하는 길이다. 자신만이 걸을 수 있는, 그것도 두 번은 걷지 못할 소중한 길이다. 길은 넓을 때도 좁을 때도 있다. 오르막길이 있는가 하면 내리막길도 있다. 평탄할 때도 있지만 헤치고 나아가느라 땀을 흘려야 할 때도 있다.

이 길이 과연 옳은 길인지 그른 길인지 도저히 판단이 서지 않을 때도 있고, 위안을 구하고 싶어질 때도 있을 것

이다. 하지만 결국은 이 길밖에 없지 않은가?

포기하라는 말이 아니다. 지금 서 있는 이 길, 지금 걷고 있는 이 길, 어쨌든 이 길을 쉬지 않고 걸어야 한다. 자신만이 걸을 수 있는 소중한 길 아닌가? 자신에게만 주어진 둘도 없는 길 아닌가?

다른 사람의 길에 마음을 빼앗겨 어찌할 바를 모르고 우두커니 서 있은들 길은 절대 열리지 않는다. 길을 열려면 일단 걸어야 한다. 마음을 정하고 열심히 걸어야 한다.

설령 그것이 먼 길처럼 생각되더라도, 쉬지 않고 걸으면 반드시 새로운 길이 열린다. 짙은 기쁨도 생겨난다.

# 있는 그대로
# 받아들이고 산다

역경은 그 사람에게 주어진 고귀한 시련으로, 이 시련에 단련된 사람은 참으로 강인하다. 먼 옛날부터 위대한 인물들은 온갖 역경에 시달리면서도 불굴의 정신으로 살아남았다.

역경은 분명 고귀하다. 다만 역경을 중시한 나머지 여기에 집착해 역경 없이는 인간이 완성되지 못한다고 믿는다면 그것은 일종의 편견일 것이다.

역경은 고귀하다. 하지만 순경順境, 즉 순조로운 환경 또한 고귀하다. 중요한 것은 역경이든 순경이든 주어진 환경을 있는 그대로 받아들이고 사는 자세다. 겸허한 마음을 잊지 않는 자세다.

있는 그대로 받아들이는 마음을 잃으면 역경은 비굴함을 낳고 순경은 오만함을 낳는다. 역경인지 순경인지는 중요하지 않다. 그것은 그때 그 사람에게 주어진 하나의 운명이다. 그저 그 환경을 있는 그대로 받아들이고 살면 된다.

있는 그대로 받아들이는 마음은 사람을 강하고 올바르며 총명하게 만든다. 역경을 있는 그대로 받아들이면서 극복해 온 사람. 순경을 있는 그대로 받아들이면서 자신을 성장시켜 온 사람. 각기 다른 길을 걸어왔지만, 그들의 강함과 올바름, 총명함은 같다.

얽매이지 말고, 안주하지 말고, 주어진 환경을 있는 그대로 받아들이며 살길 바란다.

# 뜻을 세우고
# 나아간다

뜻을 세우자. 진심을 담아서, 진지하게 뜻을 세우자. 목숨을 건다는 마음가짐으로 뜻을 세우자. 뜻을 세웠다면 일은 이미 절반쯤 이루었다고 봐도 무방하다.

뜻을 세울 때, 늙었느냐 젊었느냐는 전혀 상관없다. 그리고 늙었든 젊었든 뜻이 있다면 길은 반드시 열린다.

지금까지 인생 길을 걷는 가운데 몇 번인가 뜻을 세웠지만 길을 잃기도 하고 좌절도 했을 것이다. 하지만 길이 없거나 열리지 않았던 것은 세웠던 뜻이 약했기 때문 아닐까? 다시 말해, 어떤 일을 이루고 싶다는 마음에 부족함이 있었기 때문은 아닐까?

지나간 일은 더 이야기하지 말자. 돌아오지 않을 날들에 대해 이러쿵저러쿵하지 말자. 그리고 지금까지 타인에게 기대고 의지하려는 마음이 있었다면 그 마음을 깔끔하게 떨쳐 내자. 중요한 것은 자신의 뜻과 태도다. 1000만 명을 상대로도 두려움 없이 나아가는 강렬한 용기와 실행력이다.

뜻을 세우자. 자신을 위해, 타인을 위해, 그리고 우리가 사는 이 나라를 위해.

# 손으로 더듬듯
# 조심스레 걸어라

눈이 보이지 않는 사람은 잘 다치지 않는다. 오히려 눈이 보이는 사람이 돌부리에 걸려 넘어지거나 무엇인가에 부딪혀서 다치고는 한다. 사물이 보이는 까닭에 방심하고 조심성 없이 행동하는 것이다.

눈이 보이지 않는 사람은 손으로 더듬으면서 걷는다. 한 발, 한 발을 신중하게 내딛는다. 겸허한 것이다. 그리고 한 발을 내딛기 위해 온 신경을 집중한다. 반면에 눈이 보이는 사람은 이처럼 조심스럽게 걷지 않는다.

인생을 살면서 생각지 못한 부상을 피하려면, 또 세상을 살면서 실패하고 싶지 않다면 이처럼 조심스럽게 걷는 법을 배워야 한다. 입으로는 "인생은 한 치 앞도 알 수 없어"라고 말하면서도 다들 굉장히 조심성 없이 걷고 있다는 느낌을 받는다.

아무리 나이를 먹어도 알 수 없는 것이 인생이고 세상이다. 그렇다면 손으로 더듬으면서 조심스럽게 걷는 수밖에 없다. 알 수 없는 인생을 마치 다 아는 듯이 걷는 것만큼 위험한 일은 없다. 알 수 없는 세상을 사람들의 인도를 받으며, 한 발, 한 발 조심스럽게 내디뎌야 한다. 겸허하고 진지한 자세로 손으로 더듬으며 조심스럽게 나아간다는 마음가짐으로 인생의 길을 걷자.

## 자연의 이치를
## 따른다

봄에 오면 꽃이 피고, 가을이 오면 나뭇잎이 시들어 떨어진다. 풀도 나무도 채소도 과일도, 싹을 틔울 때는 싹을 틔우고 열매를 맺을 때는 열매를 맺는다. 시들어야 할 때는 시들어 간다. 자연의 섭리를 순순히 따르는 자세다.

여기에는 아무런 사심도 없고, 그 어떤 야심도 없다. 무심無心이다. 허심虛心이다. 그렇기에 자연은 아름다우며 질서 정연하다.

난감하게도 인간은 그렇지가 않다. 자연의 섭리를 순순

히 따르지도 않고 허심도 되지 못한다. 걸핏하면 야심을 불태우며 사심을 드러낸다. 그래서 사람들은 차분함을 잃고 자연의 섭리를 망각한다. 또 나서야 할 때와 물러서야 할 때를 잘못 판단한다. 질서도 어지러워진다.

제철이 아닌 시기에 꽃이 피면 사람들은 꽃이 미쳤다고 말한다. 나설 때를 잘못 판단했기 때문이다. 그래도 꽃은 진기한 구경거리라도 되지만, 나서야 할 때와 물러설 때를 잘못 판단한 사람은 구제할 방법이 없다. 꽃이라면 미쳤다면서 웃고 넘길 수도 있지만, 사람이 나서야 할 때와 물러설 때를 잘못 판단하면 웃고 넘어가는 선에서 끝나지 않는다. 자신도 상처받고 다른 사람에게도 피해를 주기 때문이다.

인간에게 나서야 할 때와 물러설 때를 올바르게 판단하는 것만큼 어려운 일은 없다. 그런 만큼 때로는 꽃을 바라보고, 들풀을 손에 들고, 조용히 자연의 섭리를 생각하면서 어떻게 처신하며 살아갈지 생각해 봤으면 한다.

# 다양한 삶의 모양을
# 존중하자

봄이 와서 꽃이 피고 초여름이 와서 어린잎이 움트면 산과 들은 화려한 모습이 된다. 다양한 꽃이 피고, 다양한 초목이 움트고, 다양한 새가 날아다닌다. 다양하기에, 형형색색이기에 자연은 이다지도 화려한 것이다.

만약 산과 들에 꽃은 벚꽃, 나무는 삼나무, 새는 휘파람새밖에 없다면 그것은 그것대로 풍치야 있겠지만, 지금처럼 풍요로운 자연은 절대 볼 수 없을 것이다.

다양한 꽃이 있어서 다행이다. 다양한 나무가 있어서

다행이다. 다양한 새가 있어서 다행이다. 이것이 자연의 섭리에 느끼는 고마움이다. 그리고 인간 또한 다양하다. 다양한 사람이 있기에 온갖 활동이 이루어진다. 자신과 다른 사람은 얼굴도 다르고 성격도 다르고 취향도 다르다. 하지만 그래도 괜찮다. 다름을 한탄하기보다 그 다름 속에서 무한한 묘미를 느꼈으면 한다. 무한한 풍요를 느꼈으면 한다. 그러면서 개개인이 온 힘을 다해 서로를 도왔으면 한다.

각양각색의 사람이 있어서 다행이다. 다양한 사람이 있어서 다행이다.

# 인생은 진검승부다

호면에 호완, 갑을 두르고 죽도로 검도 시합을 하는 동안
에는 아무리 진지하게 하는 듯 보여도 아직 마음에 빈틈
이 있다. 죽도에 맞더라도 죽을 일은 없으며 피도 나지 않
기 때문이다. 하지만 목검으로 시합하게 되면 조금 더 긴
장할 것이다. 잘못 맞으면 기절할 수도 있고 다칠 수도 있
기 때문이다. 하물며 진검이라면 상대의 칼 놀림 한번에
목숨이 끊어질 수 있다. 이길 때도 있고 질 때도 있다는
한가한 소리를 하고 있을 수 없게 된다. 이기거나 지거나

둘 중 하나이며, 지면 목숨이 날아간다. 진검승부란 바로 이런 것이다.

인생은 진검승부다. 그러므로 아무리 작은 일이라도 목숨을 걸고 진지하게 해야 한다. 물론 긴장감에 몸이 굳을 필요는 전혀 없다. 하지만 긴 인생을 살다 보면 실패할 때도 있다는 한가한 마음가짐으로 살아서는 안 된다. 이것은 실패했을 때 위안을 얻기 위한 말일 뿐, 처음부터 그런 마음가짐이어도 되는 것은 아니다. 진지해질 수 있는가 없는가, 있다면 얼마나 진지해질 수 있는지에 따라 그 사람의 인생이 결정된다.

소중하고 고귀한 인생이다. 지금부터라도 결코 늦지 않다. 마음을 새롭게 먹고 진검승부를 한다는 마음가짐으로 하루하루를 살도록 하자.

# 피할 수 없을 땐
# 그저 나아가라

"고개를 넘으니 또 고개가 나오는 여행길이구나." 언제 들었는지 혹은 어디에서 읽었는지는 까맣게 잊었지만, 이 구절만큼은 지금도 잊히지 않아 이따금 감회에 젖을 때면 문득 머릿속을 스친다.

고개를 하나 넘어서 한숨 돌리려니 또 새로운 고개가 기다리고 있고, 그 고개를 넘으니 다시 새로운 고개가 나타난다. 그렇게 한없이 고개가 계속되는 끝없는 여행길이다.

이 또한 인생의 진실이다. 진실인 이상은 누구도 피할 수 없다. 피할 수 없다면 역시 열심히 걷는 수밖에 없을 것이다.

높은 고개, 낮은 고개, 험준한 고개, 평온한 고개…. 다양한 기복 속에서 다양한 인생이 엮여 한줄기의 발자국을 만들어 낸다. 때로는 비에 젖고 바람을 맞으며 무거운 발을 질질 끌고 힘들게 걷겠지만, 그러다가 다시 생각지도 못한 따스한 햇살과 짹짹 지저귀는 작은 새의 울음소리에 반가움을 느끼기도 할 것이다.

그래도 활기차게 열심히, 넘을 수 있을 만큼 고개를 넘고 걸을 수 있을 만큼 여행길을 걷자.

그리고 신록의 고개를 보며 새로운 의욕을 느끼자.

# 시비선악
# 이전의 문제

이 대자연에는 산도 있고 강도 있고 바다도 있는데, 이것은 전부 어떤 힘이 만들어 낸 것이다. 그리고 새는 새, 개는 개, 인간은 인간처럼, 이 대자연 속에서 사는 생물도 운명적으로 정해져 있다.

이것은 시비선악 이전의 문제로, 좋고 나쁨을 초월해서 그렇게 정해진 것이다. 인간도 개개인을 보면 한 사람, 한 사람이 모두 다른 형태의 운명을 부여받았다. 천성적으로 목소리가 좋은 사람이 있는가 하면 계산을 잘하는 사람도 있다. 손재주가 좋은 사람이 있는가 하면 손재주가 나쁜 사람도 있다. 몸이 튼튼한 사람이 있는가 하면 태어났을 때부터 약한 사람도 있다. 그러니 어떤 사람의 인생에서 90퍼센트 정도는 이른바 인지를 초월한 운명의 힘에 의해 이미 결정되어 있으며, 인간의 지혜, 재능에 좌우되는 부분은 나머지 10퍼센트 정도가 아닐까 싶다.

이 또한 시비선악 이전의 문제이지만, 이런 관점에서 생각하면 장점에 자만하지 않고 단점에 낙담하지 않으며 담담하게, 솔직하고 겸허하게 자신의 길을 열어 나갈 수 있지 않을까? 생각의 관점은 여러 가지가 있겠지만, 때로는 이런 관점에서도 깊이 생각해 봤으면 한다.

# 병을
# 기꺼이 받아들인다

병에 걸렸다가는 낫고, 나아서 건강해졌다고 기뻐하는 사이에 또다시 병에 걸린다. 평생에 걸쳐 단 한 번도 병에 걸리지 않는 인생은 좀처럼 기대하기 어렵다. 경중의 차이는 있을지언정, 사람은 일생 동안 몇 번은 병상에 눕기 마련이다.

그 횟수가 다섯 번인 사람도 있을 것이다. 열 번인 사람도 있을 것이다. 어쩌면 스무 번, 서른 번인 사람도 있을지 모른다. 부모를 걱정에 빠트리는 어린 시절의 병부터 불안과 초조함에 몸부림치는 나날에 이르기까지, 사람은 몇 번인가 병이라는 고개를 넘는다.

하지만 인간은 어차피 딱 한 번 죽을 뿐이다. 예나 지금이나 인간은 단 한 번만 죽는다. 그렇다면 몇 번을 병에 걸리든 죽음으로 이어지는 병 또한 한 번뿐이다. 나머지는 이 또한 인생의 시련 중 하나라고 생각할 수 있는지가 중요하다.

언제 걸리는 병이 죽음으로 이어질지는 수명에 맡기기로 하고, 이번에 걸린 병 또한 인생의 시련이라고 생각하면 자연스레 마음이 열리고 의술과 약품의 효과도 커져서 회복도 빨라질 것이다.

병을 받아들이는 마음을 키우고 병으로 약해진 몸을 소중히 다뤄서 건강하게 회복했으면 한다.

# 삶과 죽음을
# 함께 준비하라

인생이란 말하자면 하루하루 죽음이라는 종착점을 향해서 나아가는 여정이라고 말할 수 있다. 살아 있는 존재는 언젠가 죽음에 이르는 것이 자연의 섭리인 이상, 살아 있는 그 어떤 존재도 이 여정을 변경할 수는 없다.

다만 인간만이 이것이 자연의 섭리임을 알고 이 여정에 대처할 수 있다. 언제 죽음에 이를지는 알 수 없지만 살아 있는 동안 이만큼의 일은 해 놓고 싶다는 마음으로 이런저런 생각을 하는 것이다. 이것은 딱히 노인에게만 해당하는 이야기가 아니다. 청춘을 구가하는 젊은이가 다가올 인생에 대비해 이런저런 계획을 세우는 것도 죽음에 대한 준비와 다르지 않을 것이다. 삶과 죽음은 표리일체, 동전의 양면과 같다. 그러므로 삶에 대한 준비는 곧 죽음에 대한 준비다.

죽음을 두려워하는 것은 인간의 본능이다. 하지만 죽음을 두려워하기보다 죽을 준비를 하지 않는 것을 더 두려워해야 한다. 인간은 언젠가 죽음에 직면한다. 그렇기에 삶은 고귀하며, 그런 만큼 주어진 생명을 최대한으로 활용해야 한다. 즉, 죽음에 대한 준비란 주어진 생명을 최대한으로 활용할 방법을 생각하는 것이다. 그리고 이것은 삶에 대한 준비이기도 하다.

생명이 있는 존재에게 부여된 이 가혹한 숙명을 직시하고 이에 대처할 길을 엄숙하고도 즐겁게 생각해 보자.

이 나라에

활력으로 가득한 청춘을 불러와야 한다.

노동자도, 학생도,

경영자도, 가정주부도,

온갖 직업의 모든 사람이

자신의 껍질을 벗어던지고

새로운 빛을 향해 뛰쳐나가자.

모두의 평화와 행복, 번영의 길을

약동하는 마음으로 진지하게 생각해야 할 때다.

2장

하루를
새롭게
시작하기 위해

# 매일을
# 새롭게 맞이한다

새해가 되면 마음도 새로워진다. 마음이 새로워지는 것은 경사스러운 일이다. 정월만 경사스러운 날이 아니다. 마음이 새로워졌다면 그때가 언제든 경사스러운 날이다.

어제도 오늘도 자연의 움직임에는 아무런 변화가 없다. 내리쬐는 햇빛, 불어오는 바람, 전부 똑같다. 하지만 마음이 새로워지면 보이는 것, 들리는 것 모두가 새롭게 느껴진다.

한 해의 시작은 설날이고, 하루의 시작은 아침에 깨어

났을 때다. 한 해의 시작이 경사스럽다면 아침에 일어났을 때도 역시 경사스럽다. 매일 아침 마음이 새로워진다면 매일이 정월이다. 새로워진 마음에는 모든 것이 새롭고 모든 것이 경사스럽게 느껴진다.

어제는 어제, 오늘은 오늘이다. 어제의 고생을 오늘까지 끌고 올 필요는 없다. "하루의 고생은 하루로 족하다"라는 말이 있듯, 오늘은 또 오늘의 운명이 펼쳐진다. 어제의 몫까지 짊어져서는 안 된다. 매일 새로운 마음가짐으로 새롭게 출발해야 한다.

매일이 새로우면 매일이 경사스러운 날이 된다. 솔직하고 겸손하며 창의성이 풍부한 사람은 매일 명랑하고, 매일 활기차다.

자, 우리 모두 활기차게 새로운 하루를 맞이하자.

# 시야를 넓히는 훈련

세상은 넓다. 이 넓은 세상을 좁은 시야를 한 채 나아가면 막다른 골목에 부딪힐 것이다. 인생은 길다. 이 기나긴 인생을 좁은 시야를 한 채 걸으면 금방 지치게 된다.

시야가 좁은 사람은 나아가야 길을 잘못 선택할 뿐만 아니라 다른 사람에게도 피해를 준다. 그러므로 다 함께 번영하기 위해 다들 시야를 크게 넓혀야 한다. 10도였던 시야를 15도로, 15도였던 시야를 20도로.

다만 시야를 180도까지 넓혔다고 해도, 그때 비로소 세상의 절반을 볼 수 있게 되었을 뿐이다. 사실은 360도를 전부 볼 수 있어야 한다. 이것이 진정한 융통무애融通無碍(행동이나 생각이 무엇인가에 얽매이지 않고 자유로운 상태-옮긴이), 즉 해탈의 경지가 아닐까?

하지만 이런 경지에 이르는 것은 좀처럼 쉬운 일이 아니다. 시야를 180도까지 넓힐 수만 있어도 대단한 일이며, 보통은 고작해야 15도나 20도 정도의 시야로 하루하루를 살고 있을 것이다. 그래서 다툼이 일어나고 고민이 생기며 번영이 저해된다.

시야를 넓히자. 아무리 넓혀도 지나치지 않다. 우리 모두의 번영과 평화와 행복을 위해, 다들 넓은 시야를 갖도록 노력하자.

# 주변에
# 나를 비추어 보라

사람은 자신의 몸가짐을 바로잡으려 할 때 먼저 거울 앞에 선다. 거울은 정직하다. 있는 그대로의 모습을 비춘다. 자신은 넥타이를 똑바로 맸다고 고집을 부려도 거울 앞에 서면 넥타이가 비뚤어진 것이 한눈에 보인다. 그래서 자신이 잘못 맸음을 인정하고 고쳐 맨다.

이처럼 몸가짐은 거울을 보고 바로잡을 수 있다. 하지만 거울이 비뚤어진 마음까지 비춰 주지는 않는다. 그래서 자신의 생각이나 행동이 잘못되었더라도 이를 자각하

기 어렵다. 마음을 비추는 거울은 없기에 어쩔 수 없다면 어쩔 수 없지만, 그래도 비뚤어진 마음을 바로잡고자 하는 마음, 겸허한 마음만 있다면 마음을 비추는 거울은 곳곳에 있다.

자신의 주위에 있는 사물이나 사람은 전부 자신의 마음을 반영한다. 자신의 마음을 비추는 거울이다. 모든 사물이 내 마음을 비추며, 모든 사람이 내 마음과 연결되어 있는 것이다.

옛 성현은 "먼저 자신의 눈에서 들보를 빼내시오"라고 가르쳤다. 조금 더 주위를 유심히 살피고 사람들의 목소리에 귀를 기울이자. 그런 겸허하고 솔직한 마음이 있으면 사람과 사물이 전부 마음을 비추는 거울이 되어서 내 생각과 행동이 바른지 틀렸는지 있는 그대로 비추어 줄 것이다.

# 할 수 있는
# 최선을 다한다

'진인사대천명盡人事待天命'이라는 말이 있다. 참으로 심오한 말이다. 사심에 얽매이지 않고 사람으로서 할 수 있는 최대한의 노력을 한 다음, 결과를 조용히 기다린다. 그 결과는 기대했던 것일 수도 있지만 기대를 벗어난 것일지도 모른다. 하지만 어떤 결과가 나오든 자신의 힘으로는 어찌할 수 없는 것이므로, 자신이 할 수 있는 최대한의 노력을 했다면 당황하거나 허둥대지 말고 침착하게 그 결과를 맞아야 한다. 그 결과 속에서 새로운 다음 길이 열릴 것이다.

모두가 이런 마음가짐의 고귀함을 알고 그 경지를 곱씹으면서 각자 소임을 다한다면 이 세상은 더욱 평온해질 것이다.

　천명天命이란 '이만큼 노력을 했으니 이만큼 결과를 얻을 수 있겠지' 같은 계산이 성립하는 영역이 아니다. 하물며 사심 가득한 마음으로 사람이 할 수 있는 일을 다하지도 않고서 무작정 자신에게 유리한 성과만을 기대하는 것은 천명을 몰라도 너무 모르는 행위라고 말할 수 있다. 매일 같이 이익과 손해를 따지며 살아야 하는 세상이기는 하지만, 이따금 깊이 반성해 보길 바란다.

# 언제든 비가 내릴 수 있음을
# 잊지 말라

비가 내리면 우산을 쓴다. 우산이 없으면 보자기라도 뒤집어쓴다. 그것마저 없다면 비에 젖는 수밖에 없다.

　비가 내리는 날에 우산이 없는 것은 날씨가 맑을 때 방심하고 우산을 준비하지 않았기 때문이다. 비에 젖었을 때 비로소 우산의 필요성을 깨닫는다. 그리고 다음 비가 내릴 때는 우산을 준비해서 젖지 말아야겠다고 다짐하며, 비가 그치면 다른 일은 다 제쳐 놓고 먼저 우산을 준비해 놓기로 결심한다. 이 또한 인생의 교훈 중 하나다.

당연한 이야기이지만, 세상과 인생을 살다 보면 맑은 날도 있고 비가 내리는 날도 있다. 모든 일이 순조로운 때가 있는가 하면 잘 풀리지 않을 때도 있다. 그럼에도 맑은 날이 어느 정도 계속되면 비가 내리는 날도 있음을 잊기 쉽다. 순조로운 나날이 계속되면 자신도 모르게 방심해서 선을 넘는다. 이 또한 인간의 모습이 아닐까?

옛사람들은 이런 모습을 경계하며 "치세일수록 난세를 잊지 말라治而不忘亂"라고 말했다. 이것은 일을 할 때든 다른 무엇을 할 때든 마찬가지다.

비가 내리면 우산을 쓰자. 우산이 없다면 한번은 젖는 것도 어쩔 수 없는 일이다. 다만 비가 그치기를 기다리고, 두 번 다시 비에 젖지 않도록 준비하는 일을 잊지 말기 바란다. 비가 내릴 때도, 일을 할 때도, 인생을 살 때도 우산은 매우 중요하다.

# 하루에
# 세 번 바뀐다는 각오

이 우주에 존재하는 것은 전부 시시각각으로 변화한다. 만물유전萬物流轉이라는 말처럼, 매 순간 모습을 바꾸기에 오늘이 되면 어제의 모습은 존재하지 않게 된다. 이것은 바꿔 말하면 매일이 새롭다는 뜻이며, 매일 새롭게 생성되고 발전하는 게 이 우주의 대원리라고 말할 수 있을 것이다.

인간 또한 이 대원리 속에서 살고 있다. 오늘은 어제와 다른 모습이 된다. 시시각각으로 변화하며, 시시각각으로 새로운 모습이 만들어진다. 이 속에 인간 사회의 생성과 발전이 있다.

사람의 생각도 마찬가지다. 옛사람들은 "군자는 하루에 세 번 바뀐다"라고 말했다. 하루에 세 번이나 생각이 바뀐 다는 것은 요컨대 그만큼 새로운 것을 찾아내고 만들어 내기 때문으로, 이것이야말로 군자가 군자인 이유다. 하루에 한 번도 바뀌지 않으면 안 된다는 말이다.

우리는 바뀌는 것을 두려워하고, 바꾸는 것에 불안감을 느끼는 경향이 있다. 이 또한 인간의 일면이겠지만, 이것은 이미 무엇인가에 얽매인 모습일 것이다. 한 번 또는 두 번 바뀌는 것은 진보하는 모습이며, 여기에서 더 나아가 하루에 세 번, 네 번 바뀌어도 좋다. 그럴 때 비로소 생성과 발전이 있다. 이렇게 생각하는 것도 하나의 관점이 아닐까?

# "왜?"라고 물어라

아이의 마음은 순수하다. 그래서 모르는 것이 있으면 "왜?" 하고 곧바로 물어본다. 아이는 진지하고 열심이다. 그래서 들은 대답을 자신의 머리로도 열심히 생각해 본다. 그리고 생각해 봤지만 이해가 안 되면 계속 물어본다. 아이의 마음에는 사심이 없다. 얽매임이 없다. 좋은 것은 좋고, 나쁜 것은 나쁘다. 그래서 의외의 본질을 꿰뚫어 볼 때가 종종 있다. 아이는 그러면서 성장한다. "왜?"라고 묻고, 대답을 듣고, 그 대답을 사심 없는 마음으로 생각해 보고, 다시 "왜?"라고 되물으면서 하루하루 성장해 가는 것이다.

　이것은 어른도 마찬가지다. 매일 새로워지려면 항상 "왜?"라고 물어야 한다. 그리고 그 답을 자신의 머리로 생각해 보고, 다른 사람에게도 가르침을 구해야 한다. 순수하고 사심이 없으며 진지하고 열심이라면 "왜?"라는 의문을 품을 대상은 도처에 널려 있다. 그것을 발견하지 못하고 오늘을 어제처럼, 내일을 오늘처럼, 그렇게 10년을 똑같은 방식으로 살면 그 사람의 진보는 멈춘다. 사회의 진보도 멈춘다.

　번영은 "왜?"라는 의문에서 만들어지는 것이다.

# 당당하게 핀
# 한 송이 꽃처럼

사막에서 맑은 샘물을 발견하면 여행자에게 기쁨과 휴식, 그리고 격려를 준다. 황량한 산과 들에 당당하게 피어 있는 꽃 한 송이 또한 여행자에게 더할 수 없는 위안과 격려가 된다.

지금 세상이 황야처럼 거칠고 메말랐다는 말은 굳이 하지 않겠지만, 이 어려운 시대에 사람의 마음이 점점 차분함을 잃고 삭막해지고 있다는 느낌을 부정할 수도 없다.

다 함께 손을 맞잡고 서로 도우면서 살아가야 할 세상인데, 사람들의 마음이 사막처럼 황폐해지는 것은 견디기 힘든 일이다. 그렇다면 하다못해 우리만이라도 맑은 샘물처럼, 당당하게 핀 한 송이 꽃처럼, 강하고 올바르게 일해야 하지 않겠는가?

어려운 일일지 모르지만, 자기 일에 자부심을 품고 그 의의를 느낀다면 어떻게 처신해야 할지도 자연스럽게 깨닫게 될 것이다.

어떤 세상이 되더라도 당황하지 말고, 허둥대지 말고, 담담하게 사회에 봉사하려 노력하자. 그 모습 자체가 이미 사람들에게 꽃이나 샘물처럼 큰 격려가 되며, 휴식이 된다.

여기에 우리의 기쁨도 있다.

# 나만의 특성을 살린다

완전무결함을 바라는 것은 인간의 이상이며, 소망이기도
하다. 그러므로 우리가 완전무결함을 추구하는 것은 어쩔
수 없는 일이다. 하지만 그것을 추구함에도 얻지 못한 채,
나도 모르는 사이에 다른 사람을 고통에 빠트리고 자신도
괴로워하는 일이 종종 생긴다. 그런데 애초에 인간에게 완
전무결함이라는 것이 존재할까?

　소나무에서 벚꽃이 피기를 바라는 것은 무리한 바람이
다. 소가 말처럼 울기를 바라는 것도 무리한 바람이다. 소

나무는 소나무, 벚나무는 벚나무다. 소는 소, 말은 말이다. 요컨대 이 대자연의 사물은 전부 단독으로는 완전무결하지 않아도 저마다 적성이 존재한다. 그 특성을 활용해 상부상조하면서 거대한 조화 속에서 아름다움과 풍요로움을 만들어 내는 것이다.

사람 또한 마찬가지다. 개개인은 완전무결하지 않지만, 저마다 그 특성을 살리고자 열심히 노력하면 거대한 조화 속에서 행복이 만들어진다. 이것을 이해하면 자연스럽게 겸허한 마음도 생겨나고, 타인을 용서할 마음도 생긴다. 그리고 서로 부족한 부분을 메우는 협력의 모습도 생겨날 것이다. 남자는 남자, 여자는 여자다. 소는 음매 하고 울고, 말은 히히힝 하고 운다. 번영의 원리는 지극히 정직하다.

# 궁리하지 않는 생활을
# 두려워하라

어쨌든 생각해 본다. 궁리해 본다. 그리고 해 본다. 실패하면 다시 한다. 다시 했지만 또 실패한다면 한번 더 궁리해서 또다시 해 본다.

똑같은 것을 그대로 아무리 반복한들 거기서는 어떤 진보도 만들어지지 않는다. 얌전히 선례를 따르는 것도 좋지만, 선례를 깨는 새로운 방법을 궁리하는 일이 더 중요하다. 해 보면 여기에서 새로운 궁리의 길도 열린다. 실패를 두려워하기보다 궁리하지 않는 생활을 두려워해야 한다.

우리의 선조 한 명, 한 명이 궁리를 거듭한 덕분에 우리는 오늘날 같이 생활할 수 있게 되었다. 무심코 넘기는 생활의 단편에도 귀중한 궁리의 흔적이 남아 있다. 유심히 바라보면 밥공기 하나, 펜 한 자루에도 참으로 놀라운 궁리가 담겨 있음을 깨닫게 된다. 말 그대로 무에서 유를 만들어 내는 수준의 창조다.

우리 모두 다시 한번 생각해 보자. 오늘은 어제와 같은 것을 반복하지 않는다. 아무리 작은 것이라도 좋다. 아무리 사소한 것이라도 좋다. 많은 사람의 이런 작은 궁리가 축적되어서 커다란 번영을 만들어 내는 것이다.

어제에서 오늘로, 오늘에서 내일로

우리는 매일 새로운 세계에서 살고 있다.

진정한 자유를 추구하는 활기찬 마음은

사람을 똑같은 일상, 똑같은 생각에 머물지 않게 한다.

일순간의 새로운 발견, 오늘 하루의 착실한 성장이

그곳에 반드시 각인된다.

물처럼 쉬지 않고 흐르는 마음과

땅속으로 깊이 스며드는 힘이 있으면

내일의 번영과 평화, 내일의 행복이

자연스럽게 질서 있는 모습으로 실현될 것이다.

3장

함께
살아가는 삶을
위해

# 인연의 힘을
# 기억하라

우리 모두는 인연이 있어서 이 세상에 태어났다. 그리고 인연이 있어서 다양한 사람과 관계를 맺고 있다.

인연이 있다는 말은 왠지 예스러운 표현처럼 들리지만, 여기에는 또 하나의 깊은 정취가 숨어 있다.

사람과 사람의 관계는 인간의 의지에서 비롯된 것이라 생각하기 쉽다. 그렇다 보니 자신의 의지로 언제든지 끊을 수 있는 대수롭지 않은 것으로 착각하는 경향도 있다.

하지만 실상은 그렇지 않다. 사람과 사람의 관계에는 인간의 개인적 의지나 희망을 초월한, 어떤 깊은 인연의 힘이 작용하고 있다. 남녀의 인연도 마찬가지다.

그러므로 사람과 사람의 관계를 더 소중히 여기고 고맙게 생각해야 한다. 불평이나 불만으로 마음이 어두워지기 전에 인연이 있었음을 서로가 겸허하게 기뻐하며, 그 기쁜 마음으로 성의와 열의를 품고 서로의 관계를 더욱 강화해야 한다.

그렇게 하면 암흑조차 광명으로 바꿀 정도의 강력한 작용이 생겨날 것이다.

# 인사는 윤활유다

상쾌한 아침 공기를 한껏 들이마시며 내 집 앞 길을 청소한다. 출근이 이른 이웃이 건너편에서 다가온다. "좋은 아침입니다", "좋은 아침입니다."

무심코 주고받는 이 아침 인사는 매일의 습관처럼 아무 의미도 없어 보이지만, 이제부터 인사의 중요성을 좀 더 깊이 생각했으면 한다. "어젯밤은 꽤 춥더군요"라는 서로를 위로하는 마음에서 나온 인사를 시작으로 서로의 용건으로 들어간다. 혹은 "매번 감사합니다"라는 감사 인사를 통해 일이 원활히 진행된다. 누가 고안해 낸 것도 아니다. 우리의 먼 선조로부터 전해져 온 이 인사라는 행위는 말하자면 일상생활의 윤활유 같은 중요한 역할을 하는 것이다. "날씨가 참 춥네요"라고 말한다고 해서 따뜻해지지는 않는다는 식의 말은 만담에서나 들었으면 한다.

인사법은 다양하겠지만, 결국 내가 하고 싶은 말은 좀 더 인사를 소중히 여기자는 것이다. 밝고 명랑하게 인사를 나누고자 노력하자.

# 가능한 한
# 내 것을 나눠라

주고받는 것이 이 세상의 법칙이다. 즉, 자신이 가진 것을 다른 사람에게 줌으로써 그에 걸맞은 것을 다른 사람에게서 받는다. 세상은 이렇게 돌아간다.

그러므로 많이 받고 싶을 때는 많이 주면 된다. 충분히 주지 않고서 많이 받기를 바라는 것은 이기적인 생각이며, 이런 사람들만 있으면 세상은 번영하지 못한다.

준다는 것은 알기 쉽게 말하면 서비스를 한다는 뜻이다. 자신이 가진 것으로 세상 사람들에게 최대한 서비스

하는 것이다. 머리가 좋은 사람은 머리로, 힘이 있는 사람은 힘으로, 솜씨가 좋은 사람은 솜씨로, 친절한 사람은 친절함으로, 그리고 학자는 학문으로, 상인은 장사로….

어떤 사람이든 찾아보면 그 사람만이 줄 수 있는 고귀한 재능이 있다. 그 타고난 재능으로 세상에 서비스를 하면 되는 것이다. 서비스가 좋은 사회는 모두가 서로에게 많은 것을 주는 사회이며, 그래서 모두가 몸도 마음도 풍요로워진다.

번영하는 사회를 만들기 위해, 자신이 가진 것을 서로에게 최대한 나누자.

# 장점도 단점도
# 품는다

이 세상은 일도 생활도 상부상조, 사람과 사람의 협동을 통해서 성립한다.

원활히 협동하려면 이런저런 배려가 필요한데, 그중에서도 중요한 것은 주변 사람들의 장점과 단점을 편견 없는 마음으로 이해하는 것이다. 그리고 그 사람이 장점을 유감없이 발휘하도록, 또 단점을 최대한 보완하도록 따뜻한 마음으로 최선의 배려를 하는 것이다.

신이 아닌 인간에게 전지전능함을 요구하는 것은 어리

석기 짝이 없는 행동이다. 타인에게 전지전능함을 요구하는 것도 어리석고, 자기 과신에 빠져서 우쭐대는 것 또한 어리석다. 나의 일은 타인을 도움으로써 성립하며, 또 타인의 도움을 받음으로써 원활히 진행된다. 이 이해와 배려가 없다면 설령 100만 명이 있더라도 그저 서로 으르렁거리기만 하는 오합지졸에 불과할 것이다.

장점과 단점. 이것은 말하자면 인간의 숙명이다. 그 숙명을 번영으로 연결할지 아니면 빈곤으로 연결할지는 결국 서로 간의 배려에 달려 있다.

# 인내와 관용이
# 중요한 이유

좋은 사람은 누구이며, 나쁜 사람은 누구인가? 이것은 일반론적으로 말하기 어려운 문제이지만, 나라의 법을 어기는 사람은 물론이고 우리가 좋지 않은 사람이라고 생각하는 사람은 해변에서 모래가 사라지지 않듯이 예나 지금이나 절대 근절되지 않는다.

이것은 만물이 전부 똑같다. 진선미를 추구하는 것은 모든 사람의 마음이지만, 아무리 추구한들 아름답지 않은 것, 올바르지 않은 것이 사라지는 일은 없다. 어떤 시대

에든 그것은 아름다운 것과 섞여서 존재하며, 아름다운 것과 추한 것이 뒤섞여서 이 자연을 구성하고 이 세상을 움직인다.

그렇기에 인내하는 것이 중요하다. 관용의 정신이 중요하다. 좋은 사람도 있지만, 좋지 않다는 생각이 드는 사람도 언제나 존재한다. 세상은 본래 그런 곳인 것이다. 그러므로 인내와 관용의 정신이 없다면 쓸데없이 마음이 어두워질 뿐이며, 살기 어렵다고 한탄만 하게 될 것이다.

사람과 사람이 모여서 매일의 생활을 영위하고 일을 진행할 때 좋은 사람만 있을 수는 없다 그러니 조금만 더 인내와 관용의 마음을 키우기를 바란다.

# 서로를 살리는 길

인간의 생명은 고귀하다. 고귀한 것은 모두 존중해야 한다. 그런데 자기 생명의 고귀함은 알면서 타인 생명의 고귀함은 망각하는 경향이 있다. 사심을 떨쳐 내지 못하고 사리사욕을 앞세우는 모습을 자주 보게 된다. 요컨대 자신에게 집착하는 것으로, 이 또한 어쩔 수 없는 인간의 심리인지 모른다.

하지만 이래서는 모두 함께 번영하기 어렵고, 인간 본연의 모습이 발휘되지 못할 것이다.

어떤 경우에는 나를 생각하지 않고 상대를 부각시킨다, 나를 버리고 상대를 살린다라는 사고방식도 필요하다. 여기에 상대도 살고 나도 사는 힘찬 번영의 길과 고귀한 인간의 모습이 있다.

나를 버림으로써 먼저 상대가 산다. 그 상대가 살면 나 또한 자연스레 살게 된다. 결국 이것이 서로가 서로를 살리는 방법 아닐까? 이런 태도에서 번영이 생겨나고, 평화와 행복이 생겨난다.

사회 번영에 기여하기 위해 서로를 살리는 겸허한 사고방식을 키우도록 하자.

# 나의 책임을
# 자각한다

나와 전혀 관계없는 곳에서 나와 전혀 관계없다고 생각되는 일이 일어났다. 그래서 내게는 아무 책임 없는 일이라고 생각한다. 하지만 좀 더 곰곰이 생각해 보자. 정말로 내게 전혀 책임이 없다고 자신 있게 말할 수 있을까?

사람과 사람이 끝없이 연결되어 있는 이 세상에 정말로 나와 전혀 상관이 없다고 말할 수 있는 일이 존재하리라고는 생각하기 어렵다.

예수그리스도는 같은 시대를 산 일면식도 없는 사람들

의 책임까지 전부 자신이 끌어안았으며, 게다가 후세를 살아갈 수많은 사람의 책임까지도 그 고결하기까지 한 정신으로 한 몸에 받아들였다.

물론 우리가 그런 경지를 추구하는 것은 도저히 불가능하다. 그것은 예수그리스도이기에 가능한 일이었다. 하지만 적어도 내게 책임이 있다고 생각하는 일까지 타인의 탓으로 돌리는 것만큼은 삼가야 한다. 개나 고양이는 자신에게 잘못이 있더라도 자신의 마음에 들지 않으면 태연하게 동족을 물어뜯어서 상처 입힌다.

인간과 동물은 천지자연의 섭리에 따라 명확히 다른 존재다. 그 고귀함을 스스로 손상시키는 행동만큼은 하지 말았으면 한다.

# 진심 어린 질책을
# 받아들인다

질책받는 것은 누구에게나 그다지 기분 좋은 일이 아니다. 자신에게 잘못이 있음을 인정하더라도 역시 질책은 받고 싶지 않은 법이다. 그래서 질책받기보다 질책받지 않는 쪽을 선호하며, 이것은 인지상정이기도 하다.

또한 질책은 하는 입장에서도 그다지 기분이 좋은 일이 아니다. 마음이 즐겁지 않다. 그래서 가능하면 질책하지 않고 싶어 하며, 이 또한 인지상정이라고 말할 수 있다.

하지만 인지상정과 인지상정이 맞물려서 모든 일을 유

야무야 넘겨 버린다면, 즉 질책하지도 질책받지도 않는다면 어떻게 될까? 신이라면 모를까, 우리는 인간이다. 자신도 모르는 사이에 생각이 안일해져서 연약함이 생겨날 것이다.

물론 사적인 감정에 사로잡혀서 질책하는 것은 금물이지만, 세상의 도리에 관해 진지하게 질책하고 또 진지하게 질책받는 것은 인지상정을 뛰어넘은 인간의 중요한 책무가 아닐까? 질책을 받을 때 비로소 인간의 진정한 가치가 나오는 것이다. 부디 진지하게 질책하고, 진지하게 질책받았으면 한다.

# 인간만이
# 할 수 있는 일

어떤 관점에서 보면 이 세상의 모든 것이 사람과 사람의 약속 위에서 성립한다고 해도 과언이 아니다. 친구와 만날 약속부터 금전 또는 물품을 빌리고 빌려줄 때의 약속, 나아가 사칙이나 국가의 법률도 우리의 생활을 질서 있고 원활하게 만들기 위한 하나의 중요한 약속이다.

약속은 서로의 신용 위에서 꽃을 피운다. 그러므로 약속을 지키느냐 지키지 않느냐는 그 사람이 얼마나 높은 정신을 지녔는지 나타내는 하나의 척도이며, 도의라든가

도덕도 이런 부분에서 그 성과가 드러난다.

내게 손해가 되게 생겼다고 해서 태연하게 약속을 어긴다면 동물과 다를 것이 없다. 서로 주고받은 약속은 반드시 지키는 높은 정신은 인간이 하늘로부터 부여받은 것이다.

만약 이 정신이 약해진다면 사회생활의 온갖 측면에서 물심양면으로 크게 부정적인 영향이 나타나게 된다. 단순히 기다린 시간을 낭비하는 정도로는 끝나지 않을 것이다. 그러므로 부디 약속을 꼭 지키자.

# 세상 물정을
# 모르는 사람이란

인내심 있게, 끈기 있게 지식을 익혀라. 교장과 교사의 지시에 절대복종하라. 교장이나 교사가 교실에 들어올 때, 교실을 나갈 때, 기립해서 맞이하고 배웅하라. 교사에게 대답할 때는 기립하며, 교사의 허락을 받고 착석하라. 교장이나 교사에게는 경의를 표하고, 교장이나 교사를 길에서 만났을 때는 예의 바르게 인사하라. 연장자를 존경하라. 노인, 유아, 약한 자를 친절하고 정중하게 대하고, 길이나 자리를 양보하며, 온갖 원조를 하라. 부모의 말을 듣고,

도우며, 형제자매를 돌보라….

이것은 소련의 초등학교와 중학교에 정부 지시로서 공포되었던 '학생 수칙'의 일부로, 이 규칙을 어긴 학생은 퇴학 처분을 받았다고 한다. 중공(중국)에도 같은 규칙이 있었다고 하며, 서양 각국에서도 이와 비슷한 이야기를 한다.

어떤 나라든, 설령 주의나 주장이 다르더라도 인간으로서 중요하다고 여기는 것은 공통적이다. 사람은 모두 같기에 어디에서든 공통적으로 중요하게 여기는 게 있는 것이다. 요즘에는 예의라든가 도덕을 어쩐지 지긋지긋하게 여기는 풍조가 있는데, 그런 세상 물정 모르는 사람이 되지 말아야 할 것이다.

# 마음을 주고받을수록
# 힘은 커진다

옛사람들은 인생이란 꼬아 놓은 새끼줄과 같다고 말했다. 실제로 긴 인생을 살다 보면 좋은 일도 겪고 나쁜 일도 겪게 된다. 기쁜 일도 겪지만 슬픈 일도 찾아온다. 또한 좋다고 생각했던 일이 사실은 나쁜 일이었고 나쁘다고 생각했던 일이 사실은 좋은 일이어서, 이리저리 고민할 필요 없이 처음부터 솔직하고 겸허하게 살 걸 그랬다며 인간 지혜의 얄팍함에 새삼 충격을 받을 때도 종종 있다.

처음부터 끝까지 철저히 나쁜 것도 없고, 또 철저히 좋은 것도 없다. 그럼에도 사람들은 나쁘다고 생각할 때는 스스로 자신의 마음을 닫아 버리고, 좋다고 생각할 때는 또 자만심에 빠져서 다른 사람들과 멀어진다.

마음을 닫고 사람들과 거리를 둬서 마음과 마음이 통하지 않으면 협력도 상부상조도 이루어지지 않는다. 그렇다면 세상은 마음을 열지 않는 고독한 사람들로 가득해질 것이다.

정신없이 변화하는 요즘 세상, 좋을 때든 나쁠 때든 솔직하고 겸허하게, 서로 마음과 생각을 주고받으며 힘을 합쳤으면 한다.

우리는 과연 진정한 어른일까?

자신을 과대평가하지 않고, 경멸하지 않고

자기 일은 자기 힘으로 처리하는

엄격한 홀로서기의 마음가짐으로

진지하게 생각하고 있을까?

지금이야말로 어른으로서 깊은 책임감과 힘을 갖고

올바르게 살아가는 사람들의 모습과

기나긴 역사 속에서 배양된 자긍심을 확인하고 싶다.

번영과 평화와 행복을 함께 축적하기 위해서

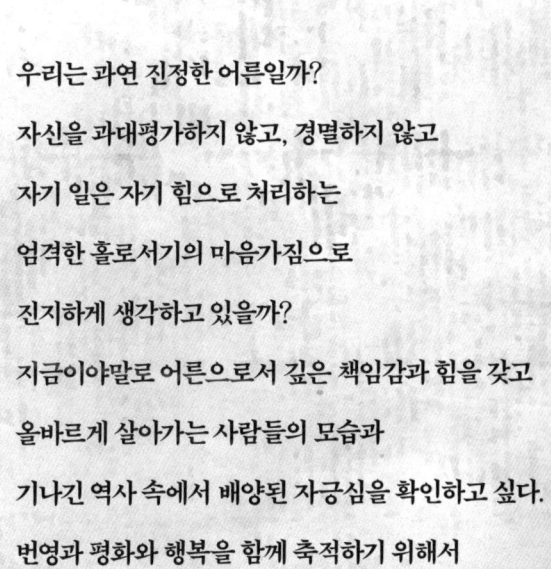

# 4장

결단의 순간에
서 있을 때

# 일단 결단하라

한줄기의 길을 한결같이 열심히 걷는 것도 좀처럼 쉬운 일이 아니지만, 동쪽과 서쪽으로, 또 남쪽과 북쪽으로 이리저리 갈라지는 길을 암중모색하며 걷는 것 또한 절대 쉬운 일이 아니다.

어떻게 할까? 어느 쪽으로 갈까? 망설이고 고민하지만, 망설이고 고민하기만 하면 우두커니 서서 앞으로 나아가지 못한다.

혼자뿐이라면 기나긴 인생길을 걷는 가운데 이따금 멈

쳐 서는 것도 나쁘지 않지만, 많은 사람이 뒤따라 걷고 있고 많은 사람이 그 길에서 나아가지 못하고 있다면 갈라진 길을 앞에 두고 결정이 쉽지 않다며 중얼거리고만 있을 수는 없다.

앞으로 나아가는 것도 좋고, 머무르는 것도 좋다. 다만 먼저 결단을 내려야 한다. 스스로 내린 결단이 최선의 길일지 어떨지는 신이 아닌 이상 알 수 없지만, 결단을 내리지 않는 것이 자신에게나 다른 사람들에게 바람직하지 않다는 것은 분명하다.

인생길을 걷는 사람도, 기업을 경영하는 사람도, 그리고 국가를 운영하는 사람도, 각자 결단 내리는 일의 중요성을 한번 더 되돌아봤으면 한다.

# 먼저 듣고 지시하라

타인에게 자신의 뜻을 지시하고, 그 지시대로 타인을 움직이게 하는 것은 분명히 일을 진행할 때 매우 중요하다. 다만 사람들이 지시에 익숙해져서 언제부터인가 지시 없이는 움직이지 않게 되었다면 이것은 큰일이다. 이런 경직된 모습에서는 진보도 발전도 생겨나지 않을 것이다.

설령 지시가 없더라도 이심전심으로 지시하는 사람의 생각을 헤아리고, 각자 자발적으로 적시에 적확히 일을 진행하는 유연한 모습 속에서 비로소 한없는 발전이 이루어진다.

그러려면 지시를 내리기 전에 먼저 사람들의 이야기에 귀를 기울여야 한다. 먼저 들은 다음 물어야 한다. 그리고 그 이야기에 내 생각과 다른 부분이 있다면 그 지점을 알려 주고, 생각이 미치지 못한 지점의 옳고 그름을 설명한다. 그렇게 해서 수긍하게 한 다음 단호하게 지시를 내려야 한다. 지시를 받은 사람이 수긍한다는 것은 그 사람의 지혜가 그만큼 높아졌다는 뜻이다. 이해하지 못한 채로 무작정 지시에 따르게 하면 경직된 모습이 나타날 뿐이다.

지시를 내리는 것은 사실 그렇게 쉬운 일이 아닌 것이다.

# 흔들리는 것보다
# 협력하지 못하는 것이 두렵다

바람이 불면 파도가 친다. 파도가 치면 배도 흔들린다. 흔들리는 것보다는 흔들리지 않는 것이 더 좋지만, 바람이 강하고 파도가 높으면 수만 톤짜리 배라고 해도 전혀 흔들리지 않을 수는 없다. 흔들림을 억지로 멈추려 하면 오히려 무리가 생기며, 그 무리가 계속되면 배가 망가진다. 흔들려야 할 때는 흔들리는 대로 둔다는 것 또한 하나의 사고방식이다.

중요한 것은 당황해서 허둥대지 않는 것이다. 허둥대면

오히려 잘못된 방향으로 나아가게 된다. 그리고 가라앉지 않아도 될 배가 가라앉는 결과를 초래할 수도 있다. 모든 사람이 냉정하고 충실하게 각자의 직무를 다하면 모두의 강력한 협력관계가 만들어진다.

폭풍이 불 때만큼 협력이 중요할 때는 없다. 그런데 허둥대면 이 협력이 깨진다. 그러므로 흔들리는 것을 두려워하기보다 협력이 깨지는 것을 두려워해야 한다.

인생에서 행운과 불운은 동전의 양면 같은 관계다. 언제 갑자기 폭풍이 찾아올지는 누구도 예측할 수 없다.

항상 자기 주위를 냉정하게 둘러보며 각자의 마음가짐을 분명히 확인해 둬야 한다.

# 판단하고
# 실행하는 힘

어떤 일이든 하기 전에 먼저 판단을 내려야 한다. 판단을 그르치면 아무리 노력해도 결실을 보지 못한다.

물론 우리는 신이 아니기 때문에 앞날의 앞날까지 내다보고 구석구석까지 파악해 만에 하나의 오류도 없이 100퍼센트 올바른 판단을 할 수는 없다. 물론 그럴 수 있다면 그보다 좋을 수는 없겠지만, 100퍼센트는 기대할 수 없다. 이것은 신만이 가능하며, 우리 인간은 고작해야 60퍼센트 정도일 것이다. 60퍼센트의 전망과 확신이 생겼다면 그 판단은 대체로 타당하다고 봐야 한다.

그다음에 필요한 것은 용기와 실행력이다.

아무리 적확한 판단을 했더라도 그것을 이룰 용기와 실행력이 없다면 그 판단은 아무런 의미도 지니지 못한다. 용기와 실행력이 더해질 때 60퍼센트의 판단이 100퍼센트의 확실한 성과로 도출된다.

60퍼센트라도 좋으니 겸허하고 진지하게 판단하고, 그것을 100퍼센트로 만들 과감한 용기와 실행력을 지녀야 할 것이다.

# 눈앞의 작은 이익에
# 집착하지 말라

말은 한 마리가 미치면 1000마리가 미친다고 하는데, 이 것은 절대 말에게만 해당하는 이야기가 아니다. 인간도 한 명이 도리에 어긋난 행동을 하면 여기에 이끌려 수많은 사람이 잘못된 길로 들어선다. 특히 사욕이 관련된 문제 가 되면 인간은 종종 판단을 그르친다. 그리고 눈앞의 작 은 이익에 집착한다.

눈앞의 작은 이익에 집착하지 말라는 것은 예부터 있던 격언으로, 작은 이익에 집착하면 결국은 손해를 본다. 그것도 단순히 나만의 손해로 끝난다면 그나마 죄가 가볍지만, 요즘처럼 사람과 사람, 일과 일이 서로 밀접하게 연결되어 있는 세상에서는 한 명의 손해가 모두의 손해가 되기 때문에 한 명의 잘못된 행동이 심각한 결과를 낳는다.

이제 와서 새삼 이야기할 필요도 없는 것이지만, 요즘 일부 사람의 도리에 어긋난 행동이 세상에서 여러 가지 문제를 일으키고 있음을 생각하면 눈앞의 작은 이익에 집착하지 말라고 거듭 당부하고 싶어진다.

딱히 어려운 주문을 할 생각은 없다. 또한 말한들 소용없다고 생각하지도 않는다. 이런 것은 결국 사람의 양식良識에 호소하는 것이 근본이며, 그렇기에 포기하지 않고 몇 번이든 계속 말하고 싶다.

# 술책이 없는 것이
# 술책이다

잘되라는 마음에서 배려했던 것이 생각지 못하게 반대 결과를 만들어 내는 경우가 종종 있다. 여기에는 여러 가지 원인이 있을 것이다. 마음이 부족했을 수도 있고, 배려가 부족했을지도 모른다. 하지만 곰곰이 생각해 보면 역시 어떤 술책을 부렸던 흔적이 눈에 보인다.

그것이 선의에서 나온 술책이든 악의에서 나온 술책이든, 술책은 결국 술책일 뿐이다. 악의에서 나온 술책이어서는 물론 안 되겠지만, 설령 선의에 입각한 술책이었다 한들, 술책을 부리고 술책에 빠지는 이상은 악의에서 나온 술책과 다르지 않으며 결코 바람직한 모습이라고 말할 수 없을 것이다. 요컨대 무슨 일이든 술책 없이 진행하는 것이 가장 좋다는 말이다.

"술책이 없는 것이 술책이다"라고 말하면 평범하게 들리겠지만, 술책 없이 진행하는 것의 참뜻을 올바르게 깨닫고 잘되라는 마음과 배려를 초월해 그것을 자연스럽게 행동으로 나타내려면 그만큼의 깨달음과 수련이 필요하지 않을까 싶다.

바쁜 나날 속에서 생각지도 못한 고민에 시달리기 전에, 때로는 이 무無술책의 경지에 관해서 생각하며 차분하게 반성해 보길 바란다.

# 숨통을 끊는
# 결단력

옛날에는 이른바 숨통을 끊는 것에 관한 엄격한 마음가짐과 작법이 있었다고 한다. 그래서 무사들은 마지막 일격을 소홀히 하고 마음을 느슨하게 먹으며, 숨통 끊기를 게을리하는 등 그 작법을 따르지 않는 것을 큰 부끄러움으로 여겼다.

매사를 철저히 확인하고 최후의 최후까지 지켜보면서 판단해 철저히 처리할 것. 이것이 옛 무사들의 가장 중요한 마음가짐이었다. 옛 무사들은 어렸을 때부터 일상생활

속에서 젓가락 사용법과 인사 등 사소한 것까지 엄격히 교육받음으로써 이 마음가짐을 키웠다.

이런 마음가짐으로 오늘 한 일을 되돌아본다면 숨통을 끊지 않고, 즉 확실히 마무리하지 않고 모호하게 처리한 일이 참으로 많을 것이다.

기껏 99퍼센트의 귀중한 성과를 올렸어도 나머지 1퍼센트를 제대로 마무리하지 않았다면 처음부터 안 한 것이나 다름이 없다. 좀 더 세심한 주의를 기울였더라면, 좀 더 신경을 썼더라면… 나중에 이런 후회가 드는 일이 한두 가지가 아닐 테다.

옛 무사가 큰 부끄러움을 느꼈듯이, 일 처리를 확실히 마무리하지 않는 태도를 크게 부끄러워하는 엄격한 마음가짐을 가지길 바란다.

# 감도 능력이다

검을 들고 대치한다. 긴장이 흐르는 순간, 칼날이 번뜩이며 내려치고, 튕겨 내고, 재빨리 물러선다. 그 동작은 눈으로 따라가지 못할 만큼 빠르다.

여기에 논리는 없다. 상대의 칼날이 오른쪽에서 날아왔으니 이것을 오른쪽으로 튕겨 내자는 식으로 하나하나 생각하지는 않는다. 눈에 보이지 않는 기척을 느끼고 몸 전체에서 번뜩이는 일순간의 감을 통해 순간적으로 반응한다. 게다가 그 감은 논리 이상으로 정확하며 적확하다.

감이라고 하면 일반적으로는 왠지 비과학적이고 모호한 것처럼 생각되지만, 수련에 수련을 거듭한 결과 생겨나는 감은 과학조차 범접할 수 없을 정도의 정확성과 적확성을 지니고 있다. 이것이 인간 수련의 위대함이다.

세상에서 이야기되는 과학적인 발명과 발견의 대부분은 과학자가 오랜 수련을 통해서 손에 넣은 뛰어난 감에 기반하고 있으며, 그 감에 원리를 부여하고 실용화함으로써 탄생한다. 요컨대 과학과 감은 본래 결코 상반되는 개념이 아닌 것이다.

결국 수련과 연마가 중요하다. 감을 발동하는 것을 전보다 더 중요하게 생각하며 수련을 쌓아 나가자.

# 관점을 달리하면
# 세상의 보물이다

호리 겐모쓰(호리 나오마사)에게 성을 완전히 포위당해 최후가 다가왔음을 깨달은 아케치 사마노스케 미쓰하루(아케치 히데미쓰)가 성안에 있었던 각종 비장의 명기名器를 성 밖으로 반출하며 "재가 되기엔 차마 아까운 물건들, 귀공의 손을 거쳐서 세상으로 돌려보내고자 하오. 받아 주시오"라고 말했다. 『다이코키太閤記』에 나오는 유명한 이야기다.

"이 몸이 생각건대, 이런 귀중한 물건은 가져야 할 사람이 갖고 있는 동안에는 그 사람의 것이지만, 결코 사적인

소유물이 아니라 천하의 소유물, 세상의 보물이라고 믿소. 한 사람이 소유하는 기간은 짧지만, 명기·보물의 생명은 후세에 걸쳐 길게 이어지기를 기원하는 바요. 이것이 불 속에서 사라지는 것은 나라의 손실. 무사의 무정한 소행이라며 후세의 탄식을 듣는 것은 억울하기에 이렇게 부탁하오."

미쓰하루는 사심에 얽매이지 않고 죽음을 눈앞에 둔 순간까지도 공적인 처지에서 판단해 올바른 조치를 한 것이다.

세상의 보물은 비장의 명기만이 아니다. 우리에게 주어진 일상의 업무 또한 전부 세상의 보물이다. 세상의 보물임을 깨닫고, 사심에 얽매이지 않고 일을 진행하기 위해 미쓰하루의 행동을 항상 커다란 본보기로 삼기를 바란다.

# 자문자답을
# 반복한다

자신이 한 행동을 다른 사람들이 평가한다. 칭찬받을 때
도 있지만 폄하될 때도 있다. 차갑게 무시당할 때도 있을
테고, 과분한 평가에 당황할 때도 있을 것이다. 다양한 관
점에서 다양한 평가를 받게 된다.

그래서 기쁨에 가슴이 설렐 때가 있는가 하면 제대로
이해받지 못해 마음이 우울해질 때도 있다. 일희일비는 인
간의 습성이다. 긍정도 부정도 전부 나를 위한 것이라고
고맙게 받아들이자.

물론 타인의 평가도 중요하지만 역시 스스로 나를 평가하는 것이 더 중요하다. 내가 한 일이 정말로 옳았는지, 그 생각이나 행동에 정말로 잘못은 없었는지, 솔직하고 올바르게 자기평가를 해야 한다.

그러려면 자문자답을 솔직하게 반복해야 한다. 스스로 질문하고 스스로 대답하는 일은 결코 쉽지 않다. 안일한 마음가짐으로는 할 수 없는 일이다. 하지만 이런 행위에서 진정한 용기와 진정한 지혜가 샘솟는다.

그러니 다시 한번 더 스스로 묻고 스스로 답해 보자.

# 끈기 있게
# 밀어붙여라

아무리 좋은 일이라 해도 단번에 이루어지는 경우는 거의 없다. 또한 단번에 일을 이루려 하면 반드시 어딘가에서 무리가 발생한다. 모든 일은 한 발, 한 발 착실히 성취해 나가는 것이 바람직하다.

그러므로 그것이 좋은 일일수록, 그리고 옳다고 생각하는 일일수록 참을성 있고 끈기 있게 계속해 나가려는 마음가짐이 가장 먼저 필요하다.

"덕이 있는 자는 외롭지 않다"라는 말이 있는데, 이것은 올바른 일은 언젠가 반드시 사람들의 이해를 얻게 된다는 의미와 상통한다. 하지만 이 또한 단번에 그렇게 되지는 않는다. 서서히 이해를 얻게 된다. 그러므로 아무리 옳은 일이라고 생각해도 옳다는 생각에 얽매여 지나치게 일을 서두르고 타인을 비방하는 데 급급해서는 안 된다. 자신이 옳은 일을 하고 있는지 아닌지 세상의 평가를 받기 위해서라도 일단은 참을성 있고 끈기 있게 일을 진행하는 겸허한 자세가 필요하다.

두려움과 불안감에 안절부절못하여, 자칫 인내와 끈기의 미덕을 잃기 쉬운 어수선한 세상이지만, 겸허하게 두 번, 세 번 거듭 스스로를 되돌아보길 바란다.

# 고민하는 것을
# 부끄러워 말라

인간은 신이 아니기에, 모든 것을 예상할 수 없고, 모든 일이 뜻대로 진행되어 고민도 근심도 없이 살 수도 없다.

고민도 하고 근심도 한다. 망설일 때도 있다. '모르겠어. 모르겠어. 도저히 판단이 안 돼. 도저히 결심이 안 서….' 이런 일이 일상다반사로 일어난다.

바둑이라면 두는 법을 모르는 채로 두더라도 딱히 다른 사람에게 피해를 주지 않지만, 사람과 사람이 밀접하게 연결되어 있는 이 세상에서 어떻게 해야 할지 모르겠다고 고민하며 일을 진행하면 다른 사람들에게 엄청난 피해를 입히게 된다.

모르겠으면 다른 사람에게 물어봐야 한다. 자신의 껍질 속에 틀어박히지 말고 다른 사람의 가르침에 솔직하고 겸허히 귀를 기울여야 한다. 가르침을 구하려는 마음이 절실하다면 그것이 어떤 의견이라 한들 자연스럽게 그 속에서 무엇인가를 얻을 것이다.

고민하고 근심하는 것을 부끄러워하지 말고, 자신의 껍질 속에 틀어박힌 채 타인의 가르침을 구하지 않는 것을 부끄러워해야 한다.

인간은 기나긴 인생 속에서 몇 번 자신의 미래를 좌우할 기로에 피를 토하는 심정으로 서게 된다.

국가 또한 기나긴 역사 속에서 몇 번 자신들의 미래를 날카롭게 판단해야 할 뜻깊은 시기에 직면하게 된다.

자연이 풍부한 국토, 향기로운 전통과 역사

그곳에서 배양된 민족의 우수한 소질

이런 나라의 미래를 지금 차분하게 판단해 보고 싶다.

5장

어려움을
헤쳐나가기 위해

# 걱정도 환영하라

아무런 걱정도 근심도, 아무런 두려움도 없다면 이 세상은 참으로 평온하고 태평하며 살기 좋은 곳이겠지만, 현실은 그렇게 만만하지 않다. 우리는 항상 어떤 걱정, 근심, 불안을 안고 세상을 살아간다.

그런 인생의 위협들을 열심히 극복하며 그때그때를 무사히 넘기는 것에서 커다란 삶의 보람을 느끼고 인생의 오묘함을 맛보겠다는 마음가짐을 가지는 것이 중요하다. 이 마음가짐이 없으면 이 세상은 그야말로 저주받은 곳이며 인생은 암흑으로 가득해진다.

우울한 일에 직면해도 그것을 두려워해서 뒷걸음질치면 안 된다. '걱정 또한 환영한다'라는 마음가짐이 필요하다. 걱정이나 근심이 새로운 것을 떠올리게 하는 하나의 전기라고 여기며 당당하게 마주한다. 그렇게 힘과 지혜를 짜낸다면 반드시 생각지도 못했던 새로운 것이 만들어지며 새 길이 열린다. 참으로 불가사의한 일이지만, 이 불가사의함이 있기에 세상은 한없이 오묘한 곳이라고 말할 수 있다.

# 때를 기다리는 마음

세상 모든 일에는 '때'라는 것이 있다. 그것은 인간의 힘을 초월한, 눈에 보이지 않는 대자연의 힘이다. 아무리 간절히 바라도 봄이 오지 않으면 벚꽃은 피지 않는다. 아무리 안달해도 시기가 오지 않으면 일을 성취할 수 없다. 겨울이 오면 봄이 가까워진다. 벚꽃은 조용히 그 봄을 기다린다. 그것은 대자연의 은혜를 진심으로 믿는 모습이라고 말할 수 있으리라.

좋지 않은 때가 지나가면 반드시 좋은 때가 찾아온다.

일을 이루는 사람들은 반드시 때가 오기를 기다린다. 안 달하지 않고, 서두르지 않고, 조용히 때가 오기를 기다린다. 때를 기다리는 마음은 봄을 기다리는 벚나무의 모습과 같다. 다만 아무것도 하지 않고 기다리는 것은 요행을 바라는 것과 다르지 않다. 벚나무는 조용히 봄을 기다리는 가운데 한순간도 쉬지 않고 힘을 축적한다. 축적한 힘이 없으면 때가 오더라도 일을 성취할 수 없을 것이다.

때를 얻지 못한 사람은 조용히 기다려야 한다. 대자연의 은혜를 진심으로 믿고, 때가 올 것이라고 믿으며 착실히 힘을 축적해야 한다. 착실히 힘을 축적하는 사람에게는 반드시 때가 찾아온다. 기다리라는 말을 들으면 더더욱 조급해지는 것이 사람의 마음이다. 하지만 자연의 섭리는 그런 인간의 마음에 휩쓸리지 않는다. 매몰찬 것이 아니다. 조용히 때를 기다리는 사람에게는 따뜻한 빛을 내려 준다.

그러니 우리 모두 때를 기다리는 마음을 키우도록 하자.

# 고난의 기로에 섰을 때
# 필요한 생각

동물원의 동물은 먹는 것에 아무런 불안을 느끼지 않는다. 다른 동물이 위해를 가할지 모른다는 걱정도 하지 않는다. 정해진 시간에 이런저런 영양분이 들어 있는 먹이를 제공받으면서, 자신을 보호해 주는 우리 안에 벌러덩 누워 하품을 하며 유유자적 살아간다.

하지만 그렇게 사는 것을 동물들이 기뻐하고 있을까? 그 동물들이 실제로 어떤 마음일지는 알 수 없지만, 신체적인 위험에 노출되면서도 끝없이 펼쳐진 들판을 달릴 때의 행복을 이따금 떠올리고 있을지 모른다는 생각도 든다.

아무런 불안도 위험도 없으며 걱정도 없는, 그래서 고심할 필요도 없고 노력할 필요도 없는 상황을 동경하는 경우가 종종 있다. 하지만 과연 그런 상황에서 삶의 보람이 만들어질 수 있을까?

연달아 고난이 찾아와 오른쪽으로 가야 할지 왼쪽으로 가야 할지 알 수 없는 기로에 계속 서면서도 있는 힘을 다해서 목숨을 걸고 그 고난을 헤쳐 나가는 것이야말로 인간으로서 가장 충실하고 활기찬 생활이라고 말할 수 있지 않을까?

고난에 마음이 약해졌다면 이렇게 생각해 보는 것도 방법이다.

# 곤란해도
# 곤란해하지 않는다

세상은 넓다. 인생은 길다. 이처럼 넓은 세상에서 긴 인생을 살다 보면 여러 가지 곤란한 일, 어려운 일, 힘든 일, 괴로운 일에 직면한다. 정도의 차이는 있겠지만, 이것은 누구나 마찬가지다. 자신만 그런 것이 아니다.

그럴 때 어떻게 생각하느냐, 어떻게 대처하느냐에 따라 그 사람이 행복해질지 불행해질지, 비약할지 후퇴할지가 결정된다. '난감하네. 어떡하지? 방법이 없는데…' 이렇게 생각하기 시작하면 마음에 여유가 없어져서 낼 수 있는 지혜도 내지 못한다. 지금까지 쉽게 생각해 냈던 것도 좀처럼 생각나지 않게 되는 것이다. 그리고 원인도 책임도 전부 다른 사람에게 전가하고, 불만으로 마음이 어두워지며, 불평을 늘어놓다 결국 스스로에게 상처를 준다.

단호하게 행동하면 귀신도 피해 간다는 말이 있다. 곤란을 곤란으로 여기지 않고 마음을 새로이 다지며 굳은 결의로 걸으면 곤란이 오히려 비약의 토대가 되어 준다. 어떻게 생각하느냐가 중요하다. 어떻게 결의하느냐가 중요하다. 곤란에 빠져도 곤란해하지 않는 것이다.

인간의 마음은 손오공의 여의봉처럼 자유자재로 변화한다. 곤란한 때일수록 그런 유연한 마음으로 오히려 꿈을 개척하겠다고 다짐하며 힘차게 길을 걷도록 하자.

# 세상의 명암을
# 이해한다

세상이라는 곳은 냉혹하기도 하고 따뜻하기도 하다. 옛사람들은 이것을 "눈이 밝은 자가 1000명, 눈이 어두운 자도 1000명"이라고 표현했는데, 참으로 절묘한 표현 아닌가 싶다.

세상에는 눈이 어두운 측면도 많다. 그래서 때로는 대충 일하고 대충 살아도 아무 일 없이 넘어간다. 요컨대 넓은 세상에는 그 정도의 포용력이 있는 것인데, 여기에 익숙해져서 세상을 만만하게 생각하고 무시하면 결국은 밝

은 눈에 걸려서 호된 꼴을 당하게 된다.

또한 좋은 아이디어를 생각해 내고 진지하게 노력을 거듭해도 좀처럼 세상의 인정을 받지 못할 때가 있다. 그럴 때면 세상이 냉혹하게 느껴지면서 고독하다는 생각에 희망을 잃기 쉬운데, 비관할 필요는 없다. 눈이 어두운 자가 1000명 있으면 눈이 밝은 자 또한 1000명 있기 때문이다. 바로 여기에 세상의 생각지 못한 따뜻함이 숨어 있다.

이처럼 세상은 냉혹하기도 또 따뜻하기도 하다. 그러므로 언제나 겸허함과 희망을 잃지 말고 나의 길을 착실하고 힘차게 걸어 나가자.

# 일을 승부로 여기는 자와
# 아닌 자의 차이

일이라는 것은 승부다. 매 순간이 승부다. 그러므로 승부한다는 기백을 가지고 하루하루 업무를 진행하는 것이 중요하다.

일반적인 업무라면 조금 게으름을 부리거나 실패하더라도 딱히 생명을 잃거나 하지는 않는다. 그러더라도 해는 지며, 그날의 업무는 일단 끝이 난다. 그래서 자신도 모르게 정신이 해이해진다. 그렇게 방심하게 되면 오늘은 어제의 반복, 내일은 오늘의 반복처럼, 딱히 변화도 없이 하루하루를 보내게 된다.

하지만 그래서는 좋은 지혜가 떠오르지 않는다. 창의성도 생겨나지 않으며, 아이디어도 만들어지지 않는다. 또 아무 긴장도 없는 대신 아무 기쁨도 없게 된다.

평온무사할 때는 이렇게 해도 하루를 보낼 수 있지만, 언제나 그럴 수 있는 것은 아니다. 오늘날의 정세는 세계의 움직임과 함께 시시각각으로 변화하고 있다. 한순간도 방심할 수 없는 상태다. 이런 때일수록 큰 용기를 갖고 승부한다는 마음가짐으로 일하지 않으면 진정한 번영은 찾아오지 않을 것이다.

지금은 일을 승부로 여기는 사람과 여기지 않는 사람의 차이가 명확히 드러나는 시기가 아닐까 싶다.

# 인내라는 덕

무슨 일을 할 때든 강한 인내심이 중요한데, 요즘은 이 인내의 미덕을 소홀히 여기는 경향이 있어서 작은 고난에도 금방 두 손 들고 비명을 지른다. 그리고 일이 뜻대로 풀리지 않을 때 그것을 참아 내고 더욱 정진해 힘을 키우려 하는 기백이 부족해서, 그 책임을 전부 다른 사람에게 떠넘기며 비난하고 사회를 탓하는 데 열중한다.

이것은 장사를 하는데 상품이 팔리지 않으면 전부 세상이 잘못된 탓이라고 말하는 것과 같다. 이래서는 아무도 상대해 주지 않을 것이다. 사람들은 살 가치가 있는 상품, 샀을 때 기분이 좋아지는 서비스가 아니면 사 주지 않는다.

그러므로 팔리지 않는다면 먼저 자신을 반성하고 꾹 참으면서 계속 정진하고 노력해 사람들이 기꺼이 구입해 줄 만큼 실력을 키워야 한다.

수레의 굴대가 약하면 수레가 금방 부러져서 덜커덩거린다. 사람도 인내라는 굴대가 없으면 금방 비명을 지르며 흔들린다.

우리 모두 인내를 하나의 미덕으로 여기고 참을성 있게 일하도록 하자.

혼자만의 작은 행복에 만족하지 말고

이 나라를 풍요롭게 만들겠다는 큰 꿈과

확고한 뜻을 가져야 한다.

긴 전통 속에서 배양된 높은 정신과

우리가 오늘날까지 쌓아 온 자립의 힘을

새로운 시대에 걸맞은 새 모습으로

정치와 경제, 교육과 문화에서 올바르게 되살렸으면 한다.

활기찬 민주주의의 나라를 만들기 위해

이 세계에 더 큰 행복을 가져다주기 위해

6장

자신감을
되찾고 싶을 때

# 넘어져도
## 소득 없이는 일어나지 않는다

'칠전팔기'라는 고사성어가 있다. 몇 번을 실패하더라도 이에 굴하지 않고 다시 일어서는 모습을 가리키는 말이다.

인생은 길다. 세상은 넓다. 그래서 실패도 하는데, 그럴 때 이 고사성어가 힘이 되어 준다.

하지만 일곱 번 넘어져도 여덟 번 일어나면 된다고 태평스럽게 생각하는 것은 조금 어리석은 자세다.

한 번 넘어졌을 때 깨닫지 못한다면 일곱 번 넘어져도 깨닫지 못한다. 한 번 넘어졌을 때 깨달을 수 있는 사람이 되어야 한다.

그러려면 '넘어져도 소득 없이는 일어나지 않겠다'라는 마음을 가져야 한다. 이 말은 어떤 상황에서든 소득을 얻으려고 한다는 의미로서 탐욕스러움의 대명사처럼 사용되고 있지만, 옛 성현들 중에는 넘어졌을 때 그 일을 계기로 깨달음을 얻는 사람이 많았다.

말 그대로 넘어져도 소득 없이는 일어나지 않았던 것이다. 이것은 탐욕스러웠기 때문이 아니라 진지했기 때문이다.

실패를 두려워하기보다는 진지하지 않음을 두려워해야 한다. 진지하다면 설령 실패하더라도 그 실패에서 반드시 무엇인가를 얻겠다는 마음가짐이 생긴다.

우리 모두 '넘어져도 소득 없이는 일어나지 않겠다'라는 진지한 마음가짐을 가지는 게 어떨까?

# 실패인가, 성공인가

100가지 일을 했는데 한 가지만 이루었다면 이것은 과연 실패일까, 성공일까?

대부분의 경우, 99가지를 이루지 못했음에 낙담해 전부 실패라고 비관하며 의욕을 잃고 두 번 다시 그 일을 시도하지 않게 된다. 이렇게 된다면 실패가 분명하다.

하지만 곰곰이 생각해 보면 100가지에 전부 실패한 것은 아니다. 설령 한 가지뿐이라도 이룬 것이 있다. 요컨대 성공한 것이다. 한 가지라도 성공했다면 나머지 99가지에서도 성공할 가능성이 있다고 생각할 수 있지 않을까?

그렇게 생각하면 용기가 샘솟으며 희망이 생긴다. 그렇게 이루어 낸 한 가지를 소홀히 여기지 않고 귀중한 발판으로 삼으면 자신 있게 다시 99가지에 도전할 수 있게 된다.

이렇게 되면 전부 성공한 것이나 다름없다. 그 마음은 반드시 이루어질 것이다.

어느 쪽에 초점을 맞출 것인가? 한 가지 성공에 희망을 품을 것인가, 99가지 실패에 실망할 것인가? 실패와 성공의 분기점은 이런 곳에도 있다. 이것은 번영을 향한 하나의 이정표이기도 할 것이다.

# 모든 일은
# 종이 한 장의 차이

천재와 미치광이는 종이 한 장 차이라고 하는데, 그렇다
면 종이 한 장이 엄청난 격차를 만들어 낸다고 말할 수 있
다. 그 작은 차이가 천재와 미치광이 정도의 큰 격차를 만
들어 낸다니, 고작해야 종이 한 장 차이라고 가볍게 생각
해서는 안 될 것이다.

　인간의 현명함과 어리석음도 이와 같다고 말할 수 있지
않을까? 현명함과 어리석음의 사이에는 매우 큰 격차가
있다. 하지만 그것은 종이 한 장의 차이에서 만들어진다.

요컨대 사소한 관점의 차이에서 뛰어난 사람과 어리석은 사람의 차이가 만들어지는 것이다. 어떤 관점으로 보느냐는 개개인의 자유다. 그러므로 어떤 관점에서 바라보든 상관없기는 하지만, 아주 작은 관점의 차이가 현명함과 어리석음, 성공과 실패, 번영과 빈곤의 갈림길이 되기에 역시 사물을 바라보는 관점을 대충 결정해서는 안 된다.

생각해 보면 우리의 생활은 전부 종이 한 장의 차이에서 크게 좌우되는 것이 아닐까 싶다. 그렇기에 이 종이 한 장의 차이를 파악하는 것이 중요한데, 그러려면 얽매이지 않는 마음이 되어야 한다. 무엇인가에 얽매이지 않은 눈으로 바라볼 수 있는가, 없는가? 종이 한 장의 차이를 좌우하는 열쇠는 바로 여기에 숨어 있다.

## 절대적 확신 대신
## 가져야 할 자세

사람들은 절대적인 확신을 품고 자기 인생을 힘차게 걸어가야 한다고 말한다. 물론 지당한 말이지만, 곰곰이 생각해 보면 이 세상에 절대적인 확신 같은 것은 있을 수 없다. 그러니 절대적인 확신 같은 것을 품을 수 있을 리도 없다.

시시각각 변화해서 내일 무슨 일이 일어날지도 알 수 없는 이 세상에 절대로 틀림없는 확실한 길 같은 것은 없다. 그렇기에 우리는 최대한 옳은 길을 걷고자 이리저리 고민하고 열심히 생각한다. 그런 끝에 아무리 봐도 다른 길은 없어 보이는, 가장 옳아 보이는 길을 발견한다. 그것이 정말로 옳은 길인가에 대한 불안감은 아직 남아 있지만, 불안하다고 해서 가만히 서 있기만 할 수는 없기에 용기를 내서 걷는다. 자신을 격려하면서 걷는다.

확신에 찬 듯이 보여도 사실 암중모색하며 참으로 조심스럽게 인생의 길을 걷고 있는 것이다. 소심하다면 소심한 모습일지도 모르지만, 있지도 않은 절대적인 확신에 도취하기보다는 이런 마음가짐으로 겸허하게 걷는 것이 결국 나도 타인도 상처를 적게 받는 최선의 길이 아닐까 싶다.

# 어떤 때든
# 마음을 정해야 한다

태풍에 강이 범람해 마을이 쓸려 내려간다. 그렇다면 그 마을은 이제 끝난 것일까? 반드시 그렇지는 않다. 10년 정도 지나면 강물에 쓸려 내려간 적도 없고 피해도 입지 않았던 마을보다 오히려 더 깔끔해지고 더 번영하는 경우가 종종 있다.

큰 희생을 치르고 커다란 고난을 겪기는 했지만, 그 고난에 좌절하지 않고 어떻게든 해내야 한다는 강한 마음으로 마을 사람 모두가 더 많은 지혜를 짜내고 더 많은 일을 한다. 그 결과 강물에 쓸려 내려간 마을이 그렇지 않은 마을보다 더 번영한다. 한쪽은 그저 평범한 하루하루를 보내는 동안 다른 쪽은 필사적인 심정으로 노력한 것이 그런 차이를 만들어 내는 것이다.

물론 재난이나 고난은 없는 것이 가장 좋다. 겪지 않을 수 있다면 그것이 최선이다. 아무 일도 없이 순조롭게, 만사가 뜻한 대로 진행된다면 좋겠지만, 그렇게 되지만은 않는 것이 세상이고 인생이다. 생각도 못했던 시기에 생각지도 못했던 일이 일어난다.

그러므로 늘 순조롭다면 더할 나위가 없겠지만 고난이 찾아와도 좋다는 마음으로 안일함에 휩쓸리지 않고, 평범함에 빠지지 않고, 어떤 때든 마음을 정하고 남들보다 더 많은 지혜를 짜내며 더 많이 일했으면 하는 바람이다.

# 최선을 다하는 마음

인생은 평탄한 대로를 걷는 것과 같다고 말하는 사람도 있고, 봉우리와 골짜기가 이어지는 기복이 심한 길이라고 말하는 사람도 있다. 어느 쪽이 진실인지는 보는 사람에 따라 다를 것이다.

다만 지금을 사는 우리로서는 인생이 평탄한 대로라는 말에 동의하기 어렵지 않을까 싶다. 고개를 넘으면 또다시 고개가 나온다. 그 고개를 올려다보면서 한숨 돌릴 틈도 없이 또다시 고개를 오르기 시작한다. 그리고 이것이 인생이라는 체념도 자연스럽게 생겨난다.

그런데 이것을 신의 위치에서 바라본다면 어떻게 될까? 우리의 눈에는 기복의 연속으로 보이는 인생이 사실 기복 따위는 없는 평탄한 대로라고 말할지도 모른다. 요컨대 평탄한 대로로서 주어진 이 인생을 우리의 생각이 부족한 탓에, 마음의 눈을 뜨지 못한 탓에 봉우리와 골짜기가 이어지는 기복이 심한 길로 생각하는 것일지도 모른다는 말이다.

언젠가는 그 진실을 확인할 수 있겠지만, 지금은 그저 최선을 다해서 길을 걷는 수밖에 없을 것이다. 최선을 다하는 마음이야말로 기복이 있든 평탄하든 내 길을 비추어 주는 중요한 등불이다.

# 경직되어서는 안 된다

갑갑한 곳에 경직된 자세로 앉아 있으면 혈액순환이 나빠져서 다리가 저리고, 몸이 굳어서 자유롭게 움직일 수 없게 된다. 무례해서는 곤란하지만, 경직되어서는 더욱 곤란하다. 역시 편안하고 자유로운 모습이 필요하다.

어떤 경우든 경직되어서는 안 된다. 경직된 자세로 있어서도 안 되지만, 마음이 경직되는 것은 더욱 안 좋다. 마음의 활동이 둔해져서 좋은 지혜가 나오지 않게 된다.

사물을 보는 관점은 다양하며, 어떤 한 가지 관점이 언제나 가장 옳은 것은 아니다. 때와 장소에 따라 자유자재로 관점을 바꿔야 한다. 그런데 마음이 경직되면 이 유연함을 잃는다. 그래서 항상 한 가지에 집착하며 우리 몸을 옴짝달싹 못 하게 속박한다. 이런 상태에서 발전이 만들어질 리가 없다.

만물은 매일 새로워진다. 시시각각으로 변화한다. 오늘이 되면 더는 어제의 모습이 아니게 된다. 그러므로 우리도 오늘은 어제와 다른 새로운 관점을 만들어 내야 한다.

경직된 마음이 아닌 자유로운 마음으로 사물을 바라보고 사고하도록 하자.

# 세상의 도리를
# 따라야 한다

사람은 침착성을 잃어버리면 왠지 남의 떡이 더 커 보이고, 꾸준히 성실하게 노력하는 사람은 자신뿐이며 다른 사람들은 전부 제대로 일도 안 하면서 쉽게 돈을 벌고 있다는 생각이 들게 된다. 그래서 자신도 편하게 돈을 벌 방법을 궁리하지만, 세상은 그런 것을 용납하지 않는다.

이런 미혹에 빠지는 것도 어쩔 수 없는 인간의 심리이지만, 이 세상에 쉽게 돈을 벌 수 있는 방법은 없다. 편한 것은 없다. 있는 것처럼 보이는 이유는 자신의 마음이 미혹에 빠졌기 때문이며, 실제로는 모두가 한 걸음 한 걸음을 착실히 걸으며 꾸준히 노력을 거듭해서 성과를 내고 있다.

그러므로 노력하지 않고도 쉽게 돈을 벌 수 있다는 방법을 실천해 본들 제대로 될 리가 없다. 일시적으로는 통할지 몰라도 결코 오래 지속되지 못하며, 결국은 실패하게 된다. 이것이 세상의 도리이며, 그 도리에서 벗어난 바람을 품는 것은 탐욕일 뿐이다.

탐욕은 실패의 근원이다. 부디 세상의 도리를 따르는 길을 한 발, 한 발 착실히 걸어 나가길 바란다.

# 한 사람의 지혜에만
# 의존하지 말라

우리는 신이 아니기에, 한 사람의 지혜에는 한계가 있다. 아무리 뛰어난 사람이라도 역시 그 사람 한 명의 지혜에는 한계가 있다. 이처럼 한계가 있는 지혜에 의지해서 긴 인생의 길을 걷고 넓은 세상을 헤쳐 나가려 하는 까닭에 여기에서 길을 헤매고 저기에서 걸려 넘어지는 일이 속출한다. 그것이 혼자만의 문제라면 그래도 괜찮을지 모르지만, 이 세상에서 사는 한은 모두가 연결되어 있기 때문에 자신이 걸려 넘어지면 다른 사람도 피해를 입는다. 다른 사람에게 피해를 입힐 바에는 한 사람의 지혜로 인생길을 걷지 않는 편이 좋다.

이해가 안 되는 것이 있으면 물어보자. 모르는 것이 있으면 질문하자. 설령 이해하고 있다고 생각하는 것도 한번 더 다른 사람에게 물어보자.

"시야가 넓으면 헤매지 않고 귀가 밝으면 현혹되지 않는다"라는 옛말이 있다. 겸허한 마음으로 상대하면 누구든 생각지 못했던 지혜를 빌려준다. 즉, 한 사람의 지혜가 두 사람의 지혜가 되는 것이다. 그리고 두 사람이 세 사람, 세 사람이 네 사람…. 지혜는 많을수록 좋다. 중지를 모은다는 것은 바로 이런 모습이다.

우리 모두 한 명의 지혜에 의지해서 걷는 일이 없었으면 한다.

# 겨울이 지나면
# 결국 봄이 온다

넓은 세상에서 긴 인생을 사는 동안 늘 즐거운 일만 있을 수는 없다. 아무런 고생도 없고 아무런 걱정도 없이 그저 평범하고 태평한 나날을 즐길 수 있다면 그것은 그것대로 좋은 일이겠지만, 그럴 가능성은 거의 없다. 때로는 비탄에 잠기기도 하고, 절체절명의 위기, 사면초가의 궁지에 몰리는 일도 종종 있을 것이다.

하지만 그것 또한 좋은 일이다. 사람은 비탄 속에서 비로소 인생의 깊이를 알고, 궁지에 몰렸을 때 비로소 세상을 배울 수 있다.

머리로 아는 것도 중요하지만, 몸으로 아는 것이 무엇보다 중요하다. 소금의 짠맛은 핥아 봐야 비로소 알 수 있다. 앎에도 여러 가지가 있는 것이다.

궁지에 몰리는 것은 몸으로 알기 위한 귀중한 기회가 아닐까? 얻기 힘든 경험을 할 기회가 아닐까? 이렇게 생각하면 괴로움 속에서도 용기가 생긴다. 기운이 난다. 고쳐먹은 마음속에서 새로운 지혜가 샘솟는다. 그리고 겨울이 지나면 봄이 오듯 어두운 구름 사이로 한줄기 빛이 내리쬐며 또다시 힘찬 재출발의 길이 열리게 될 것이다.

우리 모두 자신의 상황에 집착하지 말고

이 나라의 20년 후, 30년 후에 주목하자.

사람과 사람, 단체와 단체가 그 독자성을 살리면서

자유롭게 활동할 수 있는 질서 정연한 자유 속에서

비로소 인간과 사회의 한없는 생성과 발전이 약속된다.

보완할 것은 보완하고, 도울 것은 서로 도우며

내 나라와 세계를 생각하는 높은 위치에서 자유롭고 활달하

게 길을 걷자.

7장

일의 성과를
높이기 위해

# '나의 일'은
# 어디까지인가

이 세상의 모든 일은 그것이 세상에 필요할 때 비로소 성립한다. 세상 사람들이 원하지 않는다면 그 일은 성립하지 않는다. 사람들이 거리에서 간편하게 구두를 닦고 싶어 하기에 구두닦이라는 장사가 성립하며, 그렇지 않았다면 구두닦이라는 직업은 탄생하지 않았을 것이다.

그러므로 지금 하고 있는 일을 내 일이라고 생각하는 것은 터무니없는 착각이다. 사실은 이 세상이 시키고 있는 세상의 일인 것이다. 그리고 여기에 일의 의의가 있다.

내 일을 이렇게 하고 싶다, 저렇게 하고 싶다고 생각하는 것은 그 사람에게 열의가 있다는 의미이므로 매우 훌륭한 자세다. 하지만 내 일이 사실 세상의 일임을 망각한다면 그것은 야심이며 작은 자기만족이 된다.

실적이 성장할지 성장하지 못할지는 세상이 결정한다. 세상이 원하는 대로 자연스럽게 실적을 높여 나가면 된다.

중요한 것은 세상이 시키고 있는 이 일을 성실하고 겸허하게, 그리고 열심히 하는 것이다. 세상의 요구에 열심히 부응하는 것이다. 다들 자기가 하는 일에 어떤 의의가 있는지 잊지 말았으면 한다.

# 일하는 방식을
# 늘 고민하라

이마에 땀을 흘리며 일하는 모습은 숭고하다. 하지만 언제까지나 이마에 땀을 흘리면서 일하는 것은 지혜가 부족하다는 뜻이다. 그것은 이를테면 서울에서 부산을 기차도 타지 않고 옛날처럼 터벅터벅 걸어가는 모습과 다르지 않다. 교통수단은 도보에서 가마로, 가마에서 기차로, 그리고 기차에서 비행기로, 날이 갈수록 발전하고 있다. 날이 갈수록 사람의 이마에서 흐르는 땀의 양이 줄어들고 있다. 이런 현상은 인간 생활이 진보한 흔적이라고 말할 수 있지 않을까?

남들보다 1시간 더 일하는 것은 숭고하다. 그것은 노력이며 근면이다. 하지만 전보다 1시간 적게 일하면서 전보다 큰 성과를 올리는 것 또한 숭고하다. 바로 여기에 인간의 일하는 방식의 진보가 있는 것이 아닐까?

그것은 창의적인 아이디어가 있을 때 가능해진다. 궁리를 할 때 가능해진다. 일하는 것은 분명 숭고하지만, 궁리하면서 일했으면 한다. 창의적인 아이디어를 생각해 냈으면 한다. 이마에 땀을 흘리는 모습을 칭찬하는 것도 좋지만, 이마에 땀을 흘리지 않는 상쾌한 모습도 칭찬해야 할 것이다. 게으름을 피우라는 이야기가 아니다. 편하게 일할 방법을 궁리하라는 말이다. 편하게 일하면서도 놀라운 성과를 올릴 방법을 좀 더 궁리했으면 좋겠다는 말이다. 그럴 때 사회의 번영도 만들어질 것이다.

# 신중하게, 꼼꼼하게, 빠르게

신중하게, 꼼꼼하게, 점검에 점검을 거듭하면서 빈틈없이 만전의 상태로 일을 끝내는 것은 어떤 상황에서나 중요하다. 작은 일을 소홀히 해서는 큰일을 이룰 수 없다. 아무리 작은 일이라도 언제나 면밀하게, 꼼꼼하게 신경 쓸 것이 요구된다.

하지만 일을 꼼꼼하게 진행하기 위해 필요 이상으로 시간을 들였다면 진정으로 일을 이루었다고는 말할 수 없을 것이다. 과거의 명인들은 시간이 얼마나 걸리든 만전의 상태로 빈틈없이 완성하는 것을 자랑으로 여겼다.

에도시대 같은 평화로운 시대라면 그렇게 해도 마음이 담긴 작품으로서 사람들에게 사랑받았겠지만, 오늘날은 시간이 금인 시대다. 1분 1초가 소중한 시기다. 그러므로 꼼꼼하게 신경 쓰면서도 전보다 더 빠르게 완성할 수 없다면 진정으로 일을 이루었다고 말할 수 없으며, 또한 진심으로 사랑받지 못할 것이다.

빠르지만 허술해서도 안 되고, 꼼꼼하지만 느려서도 안된다. 오늘날에는 꼼꼼하면서도 빨라야 명인의 기술인 것이다.

# 결국
## 마무리가 전부다

세수를 하고 나면 먼저 불단 앞에 앉아서 손을 모아 기도한다. 온 가족이 함께 손을 모아 기도한다. 설령 선향 하나를 피웠을 뿐이더라도 상관없다. 이것으로 아침은 마무리된다. 밤에 잘 때도 마찬가지다. 밤은 밤대로 확실히 마무리해야 한다. 딱히 형식에 얽매일 필요는 없지만, 이런 자세에서 절도 있는 하루가 만들어진다. 무슨 일을 하든 마무리가 가장 중요하며, 마무리가 없는 생활은 절도가 없다. 생활에 절도가 없으면 일도 할 수 없다. 좋은 지혜도 나오지 않고, 물건을 잃어버리기도 한다.

장사도 마찬가지다. 경영도 마찬가지다. 마무리를 짓지 않는 경영은 언젠가 파탄을 맞이한다. 경기가 좋을 때는 그럭저럭 돌아가지만, 불경기가 되는 순간 무너진다. 튼튼한 둑도 개미구멍이 원인이 되어서 무너지듯이, 큰 규모의 장사도 작은 일의 허술한 마무리에서 무너진다. 그러므로 평소에 작은 일도 철저히 마무리한다는 마음가짐이 필요하다.

그러려면 뭐니 뭐니 해도 교육이 중요하다. 평소에 철저히 교육받아야 한다. 자신을 위해서도, 세상에 피해를 주지 않기 위해서도.

교육에 힘을 쏟아 절제 있는 태도를 익히도록 하자.

# 깃발부터 파악하라

사격장에 가서 사격 연습을 하면, 먼 표적 아래에 감시원
이 있어서 발사할 때마다 깃발을 흔들어 준다. 그 깃발을
보면 표적을 정확히 맞혔는지, 빗나갔는지, 또는 오른쪽이
나 왼쪽으로 치우쳤는지 한눈에 알 수 있기에, 그것을 보
고 조준을 수정한다.

이 과정을 반복하면서 점차 사격 실력이 향상된다. 만
약 이 깃발을 안 본다면 설령 100만 발을 쏜다 한들 암흑
속에서 무작정 쏘는 것과 다르지 않기 때문에 조준의 효

과도 알 수 없고 실력도 전혀 향상되지 않을 것이다.

생각해 보면, 사실은 매일 일을 할 때도 이런 깃발이 잔뜩 펄럭인다. 그중에는 이를테면 숫자라는 형태로 눈이 보이는 것도 있지만, 눈에 보이지 않는 깃발이 훨씬 많을 것이다.

이 눈에 보이지 않는 깃발을 파악해서 매일의 성과를 신중히 검토해 나갈 때 비로소 진정으로 업무 능력이 성장하며 하루하루 귀중한 경험이 쌓여 간다.

모두 바쁜 매일을 보내고 있겠지만, 눈에 보이는 깃발은 물론이고 눈에 보이지 않는 깃발까지 파악하기 위한 마음가짐을 끊임없이 키우도록 하자.

# 아이처럼
# 집요하게 따라다닌다

아이는 부모를 따라다닌다. 귀찮을 정도로 따라다닌다. 가끔은 난처할 때도 있지만, 그래도 역시 자신을 따라다니는 모습을 보고 있으면 귀엽고 또 기쁘다.

자신이 만든 제품, 자신이 판 상품, 자신이 한 일. 만든 뒤에, 판매한 뒤에, 끝마친 뒤에 돌보지 않는다면 역시 마음이 걸린다. 세상에도, 또 그 제품이나 상품, 일에도 미안하다. 진지하게 만들었으면, 성실하게 팔았다면, 그리고 열심히 일했다면 그 제품, 그 상품, 그 일의 행방을 끝까지

지켜보아야 한다.

끝까지 지켜볼 뿐만 아니라 어디까지나, 언제까지나 따라다녀야 한다. 부엌으로 들어갔다면 부엌으로, 사랑방으로 들어갔다면 사랑방으로, 외국으로 갔다면 외국으로, 어디까지라도 집요할 만큼 따라다녀야 한다. 사용성은 어떻습니까? 상태는 어떻습니까? 불편한 점은 없습니까?

가끔은 상대방이 난감해 하더라도, 일의 성과를 걱정하는 그 진지함과 성의에 결국은 기뻐하고 고마워할 것이다.

이런 마음가짐으로 제품을 만들고 물건을 팔고 열심히 일하자.

# 성과를
# 끌어당기는 힘

자석은 철을 끌어당긴다. 눈에는 전혀 보이지 않지만, 보이지 않는 힘이 끌어당긴다. 자연스럽게 철을 끌어당긴다.

사람이 일을 한다. 그 일을 하는 마음가짐으로써 중요한 것에는 여러 가지가 있겠지만, 역시 가장 중요한 것은 성실함이 넘쳐나는 열의가 아닐까?

지식도 중요하고, 재능도 중요하다. 하지만 그런 것들이 없다고 해서 일을 할 수 없지는 않다. 설령 지식이 없고 재능이 부족하더라도 어떻게든 이 일을 해내자, 무슨 일이

있어도 이 일을 이루어 내자고 하는 성실한 열의가 넘쳐
나면 반드시 좋은 성과가 만들어진다.

그 사람의 손으로 직접 할 수는 없더라도, 그 사람의 성
실한 열의가 눈에 보이지 않는 힘이 되어서 자연스럽게 주
위 사람들을 끌어당긴다. 자석이 철을 끌어당기듯이 생각
지도 못했던 가세를 불러들이며, 이를 통해서 일을 이루게
된다. 사람들의 도움을 받아서 일을 이루게 되는 것이다.

열의가 없는 사람은 그림 속의 떡과 같다. 지식과 재능
도 열의가 없다면 없는 것이나 다름없다. 열심히, 혼을 담
아서 하루하루 일에 몰두하자.

# 일의 성패보다
# 더 중요한 것

어떤 일이든 열심히, 있는 힘껏 노력했을 때는 왠지 자신을 칭찬해 주고 싶은 기분을 느낀다. 자신의 머리를 쓰다듬어 주고 싶은 기분이 된다.

오늘 하루 정말 열심히 일했구나, 수고했어, 이런 생각이 들 때는 비록 피곤하지만 밥도 맛있고 기분도 풀린다. 마음이 놓이고, 다시 생각해 봐도 왠지 만족스러우며, 마지막에는 '진인사대천명' 같은 말을 떠올리며 마음의 평온함마저 느끼게 된다.

자신의 힘이 부족해서 일을 이루지 못하는 상황도 많이 겪겠지만, 힘이 부족한 가운데서도 온 힘을 다했다는 사실은 역시 위안이 되고 기쁨이 되며 위로도 될 것이다.

이것은 무엇과도 바꿀 수 없는 소중한 기분이다. 돈과도 바꿀 수 없다. 돈과 바꿀 수 있다고 생각하는 사람은 일의 진정한 기쁨을 모르는 사람이다. 일의 기쁨을 맛보지 못하는 사람이다. 기쁨을 맛보지 못하는 사람은 불행하다고 말할 수 있을 것이다.

일의 성패도 중요하지만, 그 성패를 넘어서 더 중요한 것은 온 힘을 다한다는 마음가짐이다.

# 작은 일에도 소홀하지 않아야
# 무너짐이 없다

누군가에게 어떤 일을 지시받는다. 그 지시받은 일을 지시받은 대로 확실하게 한다. 여기까지는 좋은데, 그 일의 결과를 지시한 사람에게 제대로 보고하고 있는가?

지시받은 대로 일해서 잘 되었으니 그것으로 됐다고 생각하는 사람이 있는가 하면, 설령 지시받은 대로 했더라도 그 결과는 일단 확실히 보고해야 한다, 그래야 지시한 사람도 안심할 것이라고 생각하는 사람도 있다. 그 사소한 마음가짐과 작은 배려의 차이가 두 사람의 신뢰도에 큰 격차를 만들어 낸다.

일을 할 때는 물론 지혜도 중요하고 재능도 중요하다. 하지만 그보다 더 중요한 것이 있다. 사소하다고 생각되는 것, 평범하다고 생각되는 것도 소홀히 하지 않는 마음가짐이다. 어려운 일을 잘하더라도 평범한 것을 못한다면 진정 일을 잘한다고 말할 수 없다.

사소한 것, 평범한 것을 하나하나 쌓아 나가면서 그 위에 자신의 지혜와 경험을 더할 때 비로소 확고한 신뢰를 얻을 수 있을 것이다.

* 죽은 자의 혼이 모이는 삼도천 강가에서는 부모보다 먼저 죽은 아이들이 부모의 공양을 위해 작은 돌로 탑을 쌓는데, 다 쌓기 직전에 항상 악귀가 나타나 탑을 무너트린다고 한다. 그래서 헛된 노력이라는 의미로 사용된다 — 옮긴이

삼도천 강가에 쌓아 올린 작은 돌은 무너져도,

일을 해서 쌓아 올린 작은 돌은 무너지지 않는다.*

# 프로라는 자각

프로란 그 방면의 일을 직업으로 삼고 있는 전문가를 가리킨다. 그리고 직업의 전문가라는 것은 요컨대 그 방면의 일을 해서 먹고살 수 있을 정도의 실력을 갖췄다는 뜻이다. 다시 말해, 어떤 직업이든 그 방면의 일을 해서 다른 사람으로부터 돈을 받고 있다면 그 사람은 프로다. 아마추어가 아니다.

예능이나 스포츠의 경우는 프로와 아마추어의 구별이 엄격하다. 진정으로 프로의 값어치를 하지 못하면 고객은 쉽게 지갑을 열지 않는다. 고객은 자선사업가가 아니다. 그렇기에 프로를 지망하는 것은 쉬운 일이 아니며, 프로의 자격을 유지하기 위해서도 엄청난 노력을 해야 한다.

어리광을 부려서는 안 된다. 학교를 나와서 회사나 관청에 들어가면 월급을 받을 수 있다. 월급을 받는다는 것은 바꿔 말하면 그 방면에서 자립했다는 뜻이며, 결국 프로의 대열에 합류했다는 의미다. 더는 아마추어가 아닌 것이다. 그렇다면 예능이나 스포츠의 세계에 있는 사람들과 마찬가지로, 프로로서의 냉철한 자각과 자기 연마가 필요할 터이다. 자신에게 프로로서의 자각이 있는지 되돌아보자.

평화롭게, 행복하게 살기 위한 중요한 약속이다.

법률과 규칙을 모두가 엄격히 지키자.

어른과 아이 모두 해야 할 일과 해서는 안 될 일의 구별을 마음속에 새길 때 이 나라의 정치도, 경제도, 문화도, 교육도 민주주의 국가에 걸맞은 능률적이고도 활기 넘치는 발전의 길을 걸을 수 있으리라.

8장

사업을
성장시키기 위해

# 관점을 바꾼다

후지산은 서쪽에서도 오를 수 있고, 동쪽에서도 오를 수 있다. 서쪽 길이 나쁠 때는 동쪽에서부터 오르면 된다. 동쪽 길이 험할 때는 서쪽에서부터 오르면 된다. 길은 얼마든지 있다. 때와 상황에 맞춰 자유롭게 길을 바꾸면 되는 것이다. 하나의 길에 집착하면 무리가 생기며, 무리인 줄 알면서 억지로 나아가려 하면 벽에 부딪히고 만다. 움직이지 않는 산을 움직이려 하기 때문이다. 그럴 때는 산을 움직이려 하지 말고 경쾌하게 자신의 몸을 움직이면 그곳에 새로운 길이 펼쳐진다.

무슨 일이든 벽에 부딪히면 먼저 자신의 관점을 바꿔 봐야 한다. 의외로 사람은 무의식중에 한 가지 관점에 집착한 나머지 다른 관점도 있음을 잊는 경향이 있다. 그러고는 벽에 부딪혔다고 말한다. 혹은 벽에 부딪히지 않았더라도 무리를 한다. 빈곤은 이런 곳에서 생겨난다.

좀 더 자유롭게 시각을 바꾸는 넓은 마음을 가져 보자. 무슨 일이든 한 가지에 집착하면 공정함을 잃는다. 심각한 표정을 짓기 전에 관점을 살짝 바꿔 보자. 관점을 바꿨지만 좋지 않았다면 또 관점을 바꿔 본다. 그러는 사이에 진정으로 올바른 길을 알게 된다. 모색의 진정한 의미는 바로 여기에 있다. 그리고 자유롭게 관점을 바꿀 수 있는 사람은 벽에 부딪히지 않는다. 모두 이런 마음가짐으로 번영의 길을 모색하자.

# 장사의 숭고함

긴 인생을 망설임 없이 걷는 것은 좀처럼 쉬운 일이 아니다. 그렇게 망설임으로 가득한 인생에 한줄기 광명을 비춰 풍요로운 마음으로 사는 기쁨을 주는 것이 이른바 종교로, 역사 속에서 종교는 사람을 구하고 세상을 정화하며 풍요로운 정신문화를 탄생시켰다.

종교의 힘은 위대하다. 사람들을 구한다는 강한 신념을 바탕으로 세상이 원하는 것을 자진해서 제공한다. 그렇기에 진심으로 감사받으며, 그 기쁨에 걸맞은 기부금이 모인다.

종교는 참으로 숭고하다. 하지만 생각해 보면 장사도 이 종교와 일맥상통하는 측면이 있지 않은가 싶다. 장사는 생활의 질을 높이고 하루하루를 풍요롭게, 편리하게 만들고자 세상 사람들이 원하는 것을 서비스 마인드를 가지고 공급한다. 그렇기에 그것이 부당한 가격이 아닌 한 사람들은 기꺼이 받아들이고 걸맞은 보수를 치른다.

장사란 그런 것인데, 어쩔 수 없이 가격을 내려야 하는 상황에 몰려 정당한 보수를 받지 못한 채 괴로워하고 있다면 그 원인은 과연 어디에 있을까?

종교의 숭고함과 함께 장사의 숭고함에 관해서도 다시 한번 생각해 봤으면 한다.

# 어떻게 성과를 냈는가

아무리 강한 스모 선수라도 정정당당하지 못한 방법으로 승리한다면 팬들은 실망하고 인기도 떨어질 것이다. 즉, 승부인 이상은 이겨야 하지만 어떤 지저분한 방법을 사용하든 이기기만 하면 된다는 것은 진정한 승부사의 자세라고 말할 수 없으며 훌륭한 스모 선수라고도 말할 수 없다. 승부에서는 승패 외에 어떻게 승리하느냐, 어떻게 패배하느냐는 내용도 중요한 문제인 것이다.

이것은 사업을 경영할 때도 마찬가지다. 그 사업의 규모가 아무리 크든 작든 그것이 사업인 이상은 어떤 성과를 올려야 하며 그러기 위해 모두가 열심히 노력하지만, 그저 성과를 올리기만 하면 된다며 다른 사람이 피해를 입든 말든 상관하지 않고 무턱대고 앞으로 나아간다면 그 사업은 사회적으로 아무런 존재 의의도 지니지 못하게 된다. 그러므로 사업의 경우도 그 성과의 내용, 즉 얼마나 올바른 방법으로 성과를 올리느냐가 중요한 문제가 된다.

어려운 일일지도 모르지만, 세상 사람들과 함께 번영하기 위해서는 이 어려운 일에 성공해야 한다.

# 팬이 있다는 것의
# 의미

팬은 참으로 고마운 존재다. 자신이 응원하는 운동선수나 팀이 이기면 크게 기뻐하고, 지면 진심으로 안타까워한다. 욕심도 없고, 손익도 따지지 않는다. 상대의 어떤 측면에서 자신의 마음에 드는 장점을 발견하고 그 장점을 그저 열심히 응원하는 것이다.

그렇기에 운동선수든 예능인이든 자신의 팬을 굉장히 소중히 여기며, 그 팬의 기대에 부응하기 위해, 자신의 장점을 한층 키우기 위해 밤낮으로 정진을 거듭한다. 팬은 운동선수와 예능인에게 큰 자극이 되어서 실력 향상을 이끌며, 나아가 스포츠계와 예능계를 발전시키는 커다란 요소 중 하나인 것이다.

생각해 보면 우리에게도 팬이 있다. 예능계에만 팬이 있는 것이 아니다. 개인에게도, 가게에도, 또 회사에도, 저마다 팬이 존재한다. 그리고 음으로 양으로 힘찬 성원을 보내 준다.

모두가 이 사실을 다시 한번 인식했으면 한다. 그리고 그런 고마운 자신의 팬을 더욱 소중히 여기면서 그들에게 사랑받는 장점을 열심히 키우고자 노력하자. 개인과 상점, 그리고 회사를 번영으로 이끄는 열쇠가 바로 여기에 있다.

# 두 손을 모아
# 인사한다

우동 가격이 같더라도 손님을 소중히 여기는 가게, 진심으로 친절한 가게에는 자연스럽게 사람이 모여든다. 반면에 손님을 소홀히 여기고 예의도 없는 가게는 사람들의 발길이 자연스럽게 멀어진다.

우동을 다 먹고 나가는 손님의 뒷모습을 보며 감사의 마음을 담아서 두 손 모아 인사하는 우동 가게는 반드시 성공한다.

이런 마음가짐을 잊지 않으면 물론 우동의 맛도 좋아진

다. 한 사람, 한 사람에게 친절하고, 우동 한 그릇 한 그릇을 만들 때마다 면을 삶는 온도와 국물의 간을 세심하게 조절한다.

그리고 손님을 기다리게 하지 않는다. 설령 친절하고 맛있다 해도 짜증이 날 만큼 기다리게 한다면 요즘 시대에는 손님의 호의가 계속되지 않는다. 손님의 뒷모습을 보며 두 손을 모아서 인사하는 마음가짐이 있다면 빨리 먹고 싶다는 손님의 마음을 느낄 수 있을 것이다.

친절하고 맛있으며 빠르고, 손님의 뒷모습을 보며 두 손을 모아서 인사하는 자세. 이것은 결코 우동 가게에서만 중요한 마음가짐이 아닐 것이다.

# 사소한 일의 위력

무슨 일이든 반성과 검토가 필요하다는 것은 이제 와서
굳이 말할 필요도 없지만, 장사에서는 이것이 특히 중요
하다.

군고구마 장사 같은 간단한 장사를 하더라도 하루의 장
사가 끝나면 얼마의 매출을 올렸는지 정확히 계산한 다음
많이 팔렸다면 팔린 대로 그 성과를, 안 팔렸다면 안 팔린
대로 왜 안 팔렸는지를 검토해 본다. 그리고 고구마를 얼
마나 사서 어떻게 구울지 궁리하고 서비스의 결함을 반성

하면서 내일을 향한 새로운 의욕을 불태운다. 이것이 군고구마 장사가 번창하는 비결일 것이다.

하물며 수많은 상품을 취급하고 수많은 손님을 상대하는 장사를 하면서 이런 하루의 마무리를 소홀히 하고, 군고구마 장사도 하는 매일의 반성과 검토를 게을리한다면 어떻게 오늘보다 내일 더 번창하기를 바랄 수 있겠는가?

대수롭지 않은 것이지만, 이 대수롭지 않은 것을 대수롭지 않게 할 수 있게 되려면 상당한 수련이 필요하다.

평범함이 비범함으로 이어지는 것도 이 대수롭지 않게 생각되는 것을 평범하게 축적해 나간 결과가 아닐까 싶다.

# 적에게서도 배운다

자신이 옳다고 믿으면 여기에 이의를 제기하는 사람은 전부 옳지 않은 사람이 된다. 자신이 정의이고 상대는 불의, 말하자면 적인 것이다. 그래서 미워하게 된다. 쓰러트리고 싶어진다. 전부 없애 버리고 싶어진다.

이 또한 어쩔 수 없는 인간의 심리일지도 모르지만, 사실 우리는 자신의 앞길을 막는 적으로만 생각되는 그런 상대에게서도 여러 가지 이익을 얻고 있다.

상대가 이렇게 하니 나는 이렇게 하자, 이렇게 나온다

면 이렇게 대처하자고 이것저것 지혜를 짜내며 궁리한다. 그러면서 점차 발전한다. 자신이 스스로 궁리하는 것처럼 생각되겠지만, 사실은 상대에게 가르침을 받고 있는 것이다. 상대에게 자극받아서 지혜를 짜내고 있는 것이다. 요컨대 적에게 가르침을 받는다고도 말할 수 있으리라.

쓰러트리는 것만이 능사가 아니다. 적이 없으면 가르침도 없다. 따라서 진보도 없다. 그러니 오히려 그 대립을 대립으로써 인정하고 서로 가르침을 주고받으며 발전하는 길을 추구해야 한다. 대립하면서 조화를 이루는 길을 모색하는 것이다.

그것이 자연의 이치이며 공존의 이치다. 그리고 번영의 이치이기도 하다.

# 위험한 일에
# 일부러 뛰어들어라

실패하는 것보다는 성공하는 것이 더 좋다. 이것은 당연한 이야기다. 다만 세 번 일을 계획했는데 세 번 모두 성공한다면 이것은 조금 위험하다. 이를 통해서 그 사람에게 자신감과 확신이 생겨나고, 나아가 "나한테 맡기시오"라며 큰소리를 치게 된다면 그때는 손을 쓸 방법이 없어진다. 그렇게 되면 겸손함이 사라져 다른 사람들의 의견도 귀에 들어오지 않는다. 이것은 그 무엇보다 위험한 상태다.

물론 자신감은 필요하다. 자신감 없이 할 바에는 처음부터 하지 않는 편이 낫다. 하지만 자신감은 일시적인 것이지 절대적인 것이 아니다. 이 세상에 절대적인 확신 같은 것이 존재할 수가 없으며, 그런 것을 가질 수도 없다. 전부 일시적인 것이다. 잠정적인 것이다. 이 점만 잊지 않는다면 항상 겸손함을 잃지 않을 수 있으며, 타인의 의견에도 귀를 기울일 수 있다. 하지만 인간은 좀처럼 그러지 못한다. 작은 성공에도 쉽게 절대적인 확신을 얻고 싶어 한다.

그러므로 아무리 대단한 사람이라도 세 번에 한 번은 실패하는 편이 스스로에게 도움이 될 것이다. 그리고 그 실패를 겸허함으로 수용해야 인간적으로 성장할 수 있다.

실패가 이어지는 것도 견딜 수 없는 일이지만, 성공이 이어지는 것도 위험한 일이다.

# 열의를 품는다

경영이라는 것은 참으로 신비하다. 일이라는 것은 참으로 신비하다. 수십 년을 했지만 여전히 신비하다. 이것은 그 깊이를 알 수 없을 만큼 깊고, 한없이 넓다. 무한히 많은 발상이 있고, 무한히 많은 방식이 있다.

이미 아이디어가 나올 만큼 나왔을 것 같은 복식 디자인은 오늘날에도 발전이 멈추지 않고 있다. 계속해서 새로워지고, 계속해서 변하고 진보해 간다. 발상을 조금만 바꾸면 그 순간 새로운 디자인이 탄생한다. 경영이란, 일이란 바로 그런 것이다.

하지만 사람에게 열의가 없다면 경영의 신비함, 일의 신비함은 사라진다.

무슨 일이 있어도 2층에 올라가고 싶다. 이떻게 해서든 2층에 올라가자. 이 열의가 사다리를 떠올리게 하고 계단을 만들어 낸다. 올라가면 좋지만 올라가지 않아도 상관없다. 이렇게 생각하는 사람의 머릿속에는 사다리의 아이디어가 떠오르지 않는다.

재능이 사다리를 만드는 것이 아니다. 열의다. 경영이란, 일이란, 이를테면 이런 것이다.

신비한 이 경영을, 이 일을, 우리 모두 열의를 갖고 열심히 궁리하자. 그리고 끝까지 해내자.

# 분점을
# 경영하듯 일하라

옛날에는 가게에서 몇 년 동안 일해서 지배인이 되면 이윽고 독립해서 분점을 낼 수 있었다. 지금도 일부 가게에서는 그렇게 하고 있을지 모르겠지만, 역시 세상이 상당히 변했다.

생산도 판매도 점차 대규모화되고 가게의 조직도 회사화된 결과, 오랫동안 일한 사람에게 분점을 내 주는 문화는 완전히 모습을 감추고 말았다. 요컨대 독립해서 가게를 내기가 어려워진 까닭에 회사의 일원으로 평생 그곳에서 일하는 경우가 많아진 것이다.

세상이 진보함과 동시에 대규모 생산 및 판매로 이행하는 것은 자연스러운 모습이라고 할 수 있다. 그러므로 이 또한 어쩔 수 없는 일일지도 모르지만, 분점을 차림으로써 독립적으로 경영을 시작하겠다는 자주적 마음가짐까지 잃는 것은 바람직하지 않다. 회사의 일원으로서 일하고 있더라도 실제로는 회사의 내부에서 분점을 내고 있는 것과 같다. 모두가 그 업무에서는 독립된 주인공인 것이다.

그렇게 생각하면서 자주적인 마음가짐만큼은 평생 잃지 않기를 바란다.

# 같은 돈, 다른 가치

같은 돈이라도 다른 사람에게 그냥 받은 돈은 쉽게 써 버리기 때문에 어느 틈엔가 전부 사라져 버린다. 돈이 활용되지 못하며, 돈의 가치도 빛나지 못한다.

같은 돈이라도 땀 흘려 번 돈은 그렇게 쉽게 쓰지 못한다. 쓰더라도 진지하게, 신중하게 쓴다. 그래서 돈의 가치가 그대로 빛난다.

돈은 돌고 도는 것이다. 내 돈도 어쩌다 보니 지금 내가 갖고 있는 것일 뿐, 어차피 천하의 돈이다. 그 돈을 가치 없이 사용하는 것은 말하자면 천하의 보물을 의미 없이 잃어버리는 것과 같다.

돈의 가치를 살려서 사용하는 것은 국가와 사회에 대한 사회인의 중요한 책임 중 하나다. 의무 중 하나다. 그러려면 역시 돈은 자신이 땀 흘려 일해서 벌어야 한다. 자신의 이마에서 나온 땀이 배어 있지 않은 돈은 받지 말아야 한다. 빌리지 말아야 한다.

개인이 생활할 때, 사업을 경영할 때, 심지어 국가를 운영할 때도 이 마음가짐은 중요하다.

# 끝까지 추적하라

달을 향해서 로켓을 발사한다. 굉음과 함께 순식간에 하늘 높이 날아오르더니, 어느덧 사람의 눈에서 사라진다. 하지만 추적 장치가 완비되어 있어서 어디까지라도 쫓아간다. 몇천 킬로미터, 몇만 킬로미터, 나아가 달의 표면에 이르기까지, 시시각각으로 로켓을 추적한다. 그렇기에 로켓을 발사하는 의미가 있다. 성과가 있다. 추적하지 않는다면 아무런 의미도 없다. 발사하고 끝이라면 돈 낭비일 뿐이다.

인간 사회에서 사람과 사람의 관계도 이와 같다. 사람이 사람에게 일을 지시한다. 하지만 지시만 하고 끝, 부탁만 하고 끝이어서는 아무런 의미도 없다. 아무런 성과도 얻지 못한다.

지시한 이상은 그것을 추적해야 한다. 어디까지라도 철저히 추적해야 한다. 그것이 지시한 자의 책임 있는 태도일 것이다.

추적당하는 쪽도 편하지는 않겠지만, 추적하는 쪽도 사실은 매우 힘들다. 로켓을 추적하는 것 이상의 배려가 필요하다. 끈기가 필요하다. 하지만 그러지 않는다면 자칫 하루하루를 모호하게 보내기 쉽다. 추적하는 쪽도 추적당하는 쪽도 이 정도의 각오와 용기를 가져야 한다.

당신은 지금 무엇을 추구하며 하루하루 노력하고

이 나라는 지금 무엇을 지향하며 앞으로 나아가고 있을까?

함께 성장하고, 함께 생활하는 이 나라를 사랑하고

우리 자신의 뛰어난 소질을 소중하게 생각한다면

정치가도, 경영자도, 근로자도, 가정주부도

다른 사람에게 의존하는 안일한 마음을 버리고

스스로 다해야 할 책임에 철저히 몰두하자.

이 나라의 백년지계를 그르치지 않기 위해

9장

자주적인 태도로
살기 위해

# 스스로 터득한다

사자는 새끼를 일부러 골짜기에서 밀어 떨어트린다. 엄청
난 기백이다. 가혹한 처사다. 하지만 어린 사자는 결코 그
가혹함에 마음이 꺾이지 않는다.

필사적이다. 진지하다. 그리고 몇 번을 굴러떨어지면서
도 바닥에서 한 발, 한 발 기어오른다. 기어오르는 가운데
자립을 터득한다. 다른 이에게 의존하지 않고 자신의 힘
으로 걷는 것의 중요성을 스스로 깨닫는다. 그리고 여기에
서 사자 본연의 용맹함이 싹튼다.

스스로 터득하기 위해서는 가혹함이 필요하다. 용기가 필요하다. 때로는 눈물이 나올 것만 같은, 눈앞이 캄캄해지는 순간도 있을 것이다. 울어도 좋다. 탄식해도 좋다. 하지만 다음 순간에는 새로운 용기를 내야 한다.

가혹함이야말로 스스로 터득하기 위한 첫걸음이다. 자립을 향하는 길을 스스로 깨닫게 해 주는 귀중한 이정표다. 용기와 기운을 내자.

격동하는 세계 속에서 나라의 상황도 쉽지 않다. 그렇기에 우리 한 사람, 한 사람에게도 결코 쉬운 상황이 아닌 것이다.

스스로 터득하기 위해 가혹한 나날을 보낼 각오를 해야 한다.

# 자기중심적인 생각에서
# 벗어나라

인간은 매사를 자기중심적으로 생각하는 경향이 있어서, 가령 비가 내릴 때 남들은 젖든 말든 자신이 젖지 않을 방법만 태연하게 궁리할 때가 많다. 물론 자기중심적으로 생각하면 안 되는 것은 아니지만, 자기중심적인 생각을 하려면 그에 상응하는 마음가짐이 필요하다.

비가 내리면 모든 것이 젖는다. 이것은 자연의 섭리다. 하지만 우산을 쓰면 젖지 않을 수도 있다. 이것은 자연의 섭리에 순응한 솔직한 모습이다.

그러므로 자연의 섭리를 잘 파악하고 이에 순응하는 마음가짐을 갖는다면 아무리 자기중심적인 생각을 하더라도 상관없다. 하지만 우산도 없으면서 나만 젖지 않겠다는 자기중심적인 생각을 하면 결국은 어딘가에서 벽에 부딪힌다. 벽에 부딪혀도 상관없다면 딱히 할 말은 없다. 하지만 사람은 벽에 부딪히면 그 원인을 타인에게 전가해, 나는 물론이고 남의 기분까지 나쁘게 만드는 일이 많다. 그러므로 가능하다면 자기중심적인 생각은 하지 않는 게 좋다.

매일 바쁘게 살고 있겠지만, 때로는 조용히 자연의 섭리에 비추어 자신의 언동을 되돌아보며 자기중심적인 생각을 하고 있지는 않은지 반성해 보자.

# 타고난 환경에
# 안주하지 않는다

인간은 참으로 제멋대로여서, 타인을 부러워하고 시기하는 경우는 있어도 자신이 얼마나 혜택받은 환경을 타고났는지는 의외로 깨닫지 못할 때가 많다. 그래서 작은 일에도 금방 불평하고 불만을 품는데, 그런 마음에서 좋은 지혜나 재능이 샘솟을 리가 없다. 그리고 기껏 혜택받은 환경을 타고났음을 자각하지 못한 채 자신도 모르는 사이에 스스로 부숴 버린다.

혜택받은 환경을 타고났음에 감사하고 그 감사의 마음

으로 활기차게 일한다면 좋은 지혜가 계속해서 생겨나 자신과 타인 모두 행복하게 할 수 있을 터인데, 참으로 어리석은 행동이다.

하지만 자신이 혜택받은 환경을 타고났음을 아는 것은 그렇게 쉬운 일이 아니다. 자신이 혜택받은 환경을 타고났음을 알라고 자고이래 성현들이 수없이 말해 왔지만, 이를 실감하고 받아들이는 사람이 과연 얼마나 있을까? 머리로는 이해하더라도 마음에 직접 와닿지 않는 것이다. 이것이 인간의 약한 측면이다.

우리 모두 수업(修業)을 쌓자. 자신이 혜택받은 환경을 타고났다는 사실이 마음에 직접 와닿도록, 일상의 행동거지를 한번 더 반성해 보자.

# 두려움 없는 삶이
# 더 위험하다

아이는 부모가 무섭다. 점원은 주인이 무섭다. 사원은 사장이 무섭다. 사장은 세상이 무섭다. 또한 신이 무섭다. 부처가 무섭다. 두려움의 대상은 사람에 따라 다양하다.

두려운 것이 있다는 것은 고마운 일이다. 두려움이 있기에 겨우겨우 내 몸을 유지할 수 있는 것이다.

내 몸은 나의 것이며, 내 마음도 나의 것이다. 그러므로 스스로를 제어하는 것은 그렇게 어려운 일이 아닐 것처럼 생각될 터이다. 하지만 인간은 소나 말과 달리 뜻대로 제어하기 매우 어려운 존재여서, 옛 현인들도 자신을 제어하는 것의 어려움에 장탄식을 늘어놓았다.

하물며 우리 같은 범용한 사람들이 자신을 제어하는 것은 거의 불가능에 가까운 일이라고도 말할 수 있으리라.

그러므로 어떤 두려운 대상을 무서워하고, 그것에 혼이 나면서까지 자신을 제어하려고 노력해야 하는 것이다.

두려움이 없는 것만큼 위험한 일은 없다. 때로는 없었으면 좋겠다는 생각이 드는 두려운 존재도, 생각하기에 따라서는 역시 내게 이익이 되고, 또 얻을 것이 있다.

# 자리 잡고 앉아 있을 때가
# 아니다

하루를 열심히 일하고 집으로 돌아와서 거실에 책상다리를 하고 여유롭게 앉아 있으면 몸과 마음의 피로가 풀린다. 이때는 몸을 움직이기가 귀찮아져서 가족에게 잔소리를 듣기 십상이다.

내 집의 거실이라면 그래도 되지만, 아무 데서나 책상다리를 하고 눌러앉아 있으면 주위 사람들에게 폐가 된다. 방해가 된다.

하물며 자신의 지위나 위치에 책상다리를 하고 눌러앉

아 일의 본래 사명을 잊고 스스로에게 얽매여 해야 할 일도 하지 않는다면 타인을 방해하거나 폐를 끼치는 정도로는 끝나지 않는다. 자신에게 부여된 일이 진행되지 않을 뿐만 아니라 주위 사람들이 일하는 속도를 늦추며, 나아가서는 사회의 발전까지 저해하고 만다.

개개인에게 주어진 지위나 역할은, 각자 담당한 일을 주위 사람과 협력해 더 높은 수준으로 신속히 발전시켜 사회를 번영하게 하는 데 이바지하라고 주어진 것이다. 그런 곳에 안주해서 좋을 리가 없다.

우리 모두 자신의 일과 역할을 한번 더 되돌아봤으면 한다.

# 치세일수록
# 난세를 기억하라

경기도 좋고 생활도 풍요로운 나날이 언제까지나 계속된다면 참으로 좋을 것이다. 하지만 인생을 살다 보면 비가오는 날도 있고 바람 부는 날도 있기 마련이다.

경기도 호황일 때가 있는가 하면 불황일 때도 있다. 언제까지나 평화롭고 풍요로운 시기가 이어진다는 보장은 없다. 인생은 그런 것이며 세상은 그런 곳이다.

그런데 세상이 안정되고 어느 정도 경기도 좋아져서 생활도 향상되어 조용하고 평안한 나날이 계속되면, 어느덧

이 세상의 실체와 인생의 바람직한 모습을 잊은 채 하루하루를 보내게 된다.

그렇게 해서 무탈하게 살 수 있다면 상관은 없을 것이다. 하지만 언젠가는 태풍이 불어오고, 불경기가 찾아온다. 그렇게 되어도 어제와 변함없이 태연한 마음으로 있을 수 있을까?

언젠가 변란이 찾아와도 그 변란에 대처할 수 있도록 평소에 대비하는 마음가짐이 필요하다. '치세일수록 난세를 잊지 말아야' 하는 것이다.

이 점을 알면서도 충분히 대비하지 않는 것 또한 인간의 약점 중 하나가 아닐까 싶다.

# 일을
# 소중히 여긴다

세상에는 현명한 사람이 현명한 까닭에 실패하는 경우가 매우 많다.

현명한 사람은 걸핏하면 비판부터 하느라 일에 몰입하지 못하는 경우가 많다. 그래서 기껏 쌓은 지혜도 활용하지 못해 간단한 일조차 만족스럽게 하지 못하며, 그 결과 세상과 사람들의 신용을 잃는다.

그런데 한편으로 '일밖에 모르는 바보'로 불릴 만큼 일에 열심인 사람도 있다. 그런 사람은 역시 일에 일심불란이 된다. 별것 아닌 것처럼 보이는 일도 그 사람에게는 소중한 일이며, 그래서 혼신의 힘을 다해 정진한다. 그렇다 보니 자연스럽게 그 사람이 가진 지식이 최상의 형태로 일에 활용된다. 성공은 이런 상황에서 만들어지는 경우가 매우 많다.

일이 성공하느냐 실패하느냐는 부차적인 문제다. 일에 몰입하는 것이 중요하다. 일심불란이 되는 것이 중요하다. 그리고 일을 소중히 여기며 매진하는 것이 중요하다. 그런 사람이 성과를 내지 못한다면 대체 누가 성과를 내겠는가?

우리 모두 힘이 부족함을 한탄하기 전에, 먼저 일을 소중히 여기는 마음으로 일에 몰두하고 있는지 반성해보자.

# 나를 아는 것부터
# 시작하라

흔히, 전쟁을 할 때는 먼저 적을 아는 것부터 시작하라고 한다. 적을 아는 것은 분명 중요한 일이다.

하지만 적을 아는 것보다 더 중요한 것이 있지 않을까?

그것은 바로 '나를 아는' 것이다. 나를 되돌아보는 것이다.

적을 아는 것도 어렵지만, 나를 아는 것은 더욱 어렵다.

적을 모르면 이길지 질지 알 수 없지만 나를 모르면 반드시 패한다. 연전연패한다. 그리고 패배의 원인은 자신에게 있다.

이것은 세상만사가 마찬가지라고 말할 수 있을 것이다. 스스로 불리함을 만들어 내는 경우가 의외로 많다.

패배의 원인이 자신에게 있다는 원통함을 남기지 않도록, 어떤 상황에서든 나를 알리는 노력을 꾸준히 하길 바란다.

# 다시 한번
# 절박한 심정으로

스스로 열심히 노력해 왔다고 생각하다가도, 어떤 계기로 절박한 심정이 되면 지금까지 해 온 노력이 아직 부족했음을 깨달을 때가 많다.

절박한 심정이 되는 것은 중요하다. 고마운 일이다. 일을 올바르게 이루어 내기 위해서는 큰일이든 작은 일이든 역시 절박한 심정이 근본에 자리하고 있어야 한다.

현대문명의 이기를 최대한으로 이용해도 작은 빌딩 한 채를 짓는 데 1년 반은 걸린다. 그런데 그 웅장하고 화려한 오사카 성이 불과 1년 반 만에 축성되었다고 한다. 편리한 문명의 이기도 없던 그 시대에 말이다. 이 대업의 밑바탕에는 실수하면 목이 잘린다, 기간 내에 완성하지 못하면 목이 날아간다는 축성 종사자들의 목숨 걸린 진지함이 있었다. 이것이 옳은지 그른지는 둘째 치고, 생명을 잃을지도 모른다는 것만큼 절박한 일은 없다.

모두가 오늘 하루도 열심히 일하고 있을 것이다. 하지만 다시 한번 절박한 심정으로 자신의 업무를 되돌아봤으면 한다.

# 평상시의 마음으로
# 돌아가라

화재가 발생하면 누구나 허둥댄다. 엄청난 비상사태이기에 다른 것은 거들떠 볼 필요가 없다. 다른 사람의 발을 밟는 실수를 하더라도 신경 쓰지 말고 먼저 불을 꺼야 한다. 물건을 밖으로 꺼내야 하고, 사람들의 도움도 빌려야 한다. 평상시와 다른 상황일 때는 평상시와 다른 조치를 취할 수밖에 없다.

제2차세계대전이 끝나고 몇 년 동안, 이 나라는 화재 이상의 비상사태에 놓여 있었다. 그래서 평상시와는 다른 행동과 생각이 잇따라 등장했다. 어쩔 수 없는 일이었다고도 말할 수 있을 것이다.

하지만 이것은 어디까지나 평상시와 다른 상황일 때의 이야기다. 화재가 진압되었다면 다른 사람의 발을 밟는 것은 용납되지 않는다. 사람들의 도움을 빌리는 것을 당연하게 생각해서도 안 된다. 평상시로 되돌아가면 다시 평상시의 마음이 요구된다.

과연 현재 우리의 마음은 평상시의 상태로 되돌아왔을까? 생활은 정상으로 돌아왔는데, '비상시'였기에 용납되었던 행동이나 생각이 아직도 깊게 뿌리를 내리고 있는 것은 아닐까?

평상시의 마음으로 돌아가는 데는 큰 용기가 필요하다. 용기를 내서 스스로를 되돌아봤으면 한다. 그럴 때 인간으로서의 길이 시작된다.

# 돌고 돌아
# 나와 연결된다

하나부터 열까지 나쁜 것은 전부 다른 사람 탓으로 돌려
버린다면 그보다 마음이 편할 수 없을 것이다. 모든 책임
은 상대에게 있으며, 자신에게 불리한 것은 철저히 모른
척한다.

하지만 모두가 그런 태도로 서로에게 떠넘긴다면 이 세
상은 어떻게 될까?

핑계는 얼마든지 댈 수 있다. 책임을 벗어날 논리는 무
수히 많을 것이다. 또한 법률상으로는 무관계하다, 책임이

없다고 말하는 것도 가능하다. 하지만 이것은 논리나 법률상의 이야기일 뿐이다. 사람과 사람이 모여서 살고 있는 이 세상에 나와 전혀 상관이 없는, 자신에게는 아무런 책임이 없는 일은 존재하지 않는다. 언뜻 아무런 상관이 없어 보이더라도 돌고 돌아서 나와 연결된다. 연결되어 있는 한은 깊은 자기반성과 강한 책임감이 뒤따라야 할 것이다.

　모든 것을 타인 탓으로 돌리고 싶은 것이 인지상정이기는 하다. 하지만 그것은 사실 용기가 없는 모습이다. 마음이 약한 모습이다. 사회에 그런 사람들만 있다면 진정한 번영도, 진정한 평화도 만들어지지 않는다. 우리 모두 한 명의 사회인으로서 책임을 아는 깊은 반성심과 큰 용기를 지녔으면 한다.

# 가르쳐야 성장한다

인간은 위대한 존재다. 대단한 존재다. 동물은 절대 생각해 내지 못하는 것을 생각해 내고, 사상도 만들어 내며 물건도 만들어 낸다. 그야말로 만물의 왕이다.

하지만 그런 위대한 인간도 태어나자마자 방치되어 인간으로서 살기 위한 지도를 전혀 받지 못하고 자란다면 야수나 다름없이 살 수밖에 없을 것이다.

아무리 뛰어난 현자라도 어렸을 때는 부모님이나 선배의 가르침과 지도를 받았다. 그런 기반 위에서 현자가 된

것이지, 그런 가르침과 지도가 없었다면 현자가 될 소질을 타고났음에도 진흙 속에 파묻혀 빛을 보지 못했을 것이다.

가르침 없이는 아무것도 만들어지지 않는다. 가르친다는 것은 후배에 대한 선배의 인간으로서 중요한 소임이다. 과연 인간으로서 깊은 애정과 열의를 품고 의연한 태도로 그 중요한 소임을 다하고 있는가?

가르치는 일에 좀 더 열의를 품자. 그리고 좀 더 겸허한 마음으로 가르침을 받도록 하자.

가르침 없이는 되는 일은 없다.

## 모든 것에서
## 배워야 한다

자기 혼자만의 머리로 생각해 혼자만의 지혜로 만들어 낸 것 같아도, 사실은 전부 다른 누군가에게서 배운 것이다.

사람은 가르침을 받지 않고는 아무것도 생각하지 못한다. 어린아이는 부모에게, 학생은 교사에게, 후배는 선배에게. 지금까지 많은 사람에게 받은 가르침의 토대 위에서 현재 자신의 생각이 형성된 것이다. 지혜가 만들어진 것이다. 그러므로 좋은 생각, 좋은 지혜를 만들어 내는 사람은 반드시 좋은 배움을 얻은 사람이라고 말할 수 있을 것

이다.

배우려는 마음만 있다면 만물이 스승이 된다.

말 못하는 돌과 나무, 떠다니는 구름, 순수한 어린아이, 선배의 엄한 질책, 후배의 솔직한 충언, 나아가서는 이 넓은 우주, 기나긴 인간의 역사에 이르기까지, 아무리 작은 것에도 아무리 오래된 것에도 우주의 섭리와 자연의 이치가 조용히 맥동하고 있다. 그리고 인간의 고귀한 지혜와 경험이 배어 있다.

이 모든 것에서 배웠으면 한다. 어떤 것에서든, 어떤 사람에게서든 겸허하고 솔직하게 배웠으면 한다. 모든 것에서 배우려는 마음이 있을 때 비로소 새로운 지혜도 생겨난다. 좋은 지혜도 생겨난다. 배우려는 마음이 번영으로 향하는 첫걸음인 것이다.

# 길은
# 가장 평범한 곳에 있다

아침에 일어나면 얼굴을 씻는다. 집 앞을 쓸고 물을 뿌린다. 지극히 당연한 행동이다.

무엇인가를 받으면 고마워한다. 신세를 지면 미안해한다. 어질렀으면 뒷정리를 한다. 딱히 어려운 논리 같은 것은 없다. 개나 고양이라면 모를까, 인간으로서 해야 할 가장 평범한, 가장 당연한 행동들이다.

그런데 여기에 논리가 붙는다. 자의적인 논리가 붙으면 어느 틈엔가 뒷정리를 할 필요가 없어진다. 얼굴도 씻지 않고 물도 뿌리지 않게 된다. 평범한 것이 어려운 일이 되어서, 무엇을 해야 할지 우왕좌왕한다. 요즘은 그런 일이 너무나도 많지 않은가 싶다.

이것도 저것도 결국은 자신에게 유리한 길을 추구하는 것이겠지만, 모두가 진정한 번영으로 향하는 길은 사실 가장 평범한 곳에 있다. 모두가 수긍하는 지극히 당연한 곳에 있다. 딱히 어렵게 생각할 필요는 없지 않을까?

다시 한번 생각해 봤으면 한다. 물이 낮은 곳으로 흐르듯이, 여름이 지나면 가을이 오듯이, 자연의 섭리를 따르면서 다시 한번 솔직한 마음으로 생각해 봤으면 한다.

# 공경하는 마음을
# 가져야 하는 이유

학교 선생님을 경시하고 스승으로 우러러보는 마음이 없다면 선생님도 가르칠 의욕이 나지 않으며 학생도 배운 것이 몸에 배지 않는다. 사회에도 큰 손실이다.

역시 선생님을 스승으로서 공경하고 겸허하게 배우는 태도를 보일 때 선생님의 말씀 한마디 한 구절이 몸에 배며 성장한다.

부모님을 소중히 여기고, 상사에게 경의를 표한다. 선배에게 예를 다하고, 스승을 열심히 따른다. 부모나 스승에게만이 아니다. 일을 훌륭히 하는 사람을 진심으로 존경하고, 보이지 않는 곳에서 묵묵히 일하는 사람에게도 고개를 숙인다.

공경하는 마음이 있다면 천지자연과 이 세상에 공경할 만한 대상은 무수히 많다.

개나 고양이에게는 공경하는 마음이 없다. 그러나 인간은 사물에서, 사람에게서 공경할 만한 가치를 찾아내는 능력을 부여받았다. 본질로서 부여받았다. 그 본질을 살리면서 공경해야 할 것을 공경함으로써 모두의 마음을 풍요롭게 만들고 높일 수 있는 존재는 사람밖에 없지 않을까?

그런 인간의 특성을 있는 그대로 살렸으면 한다. 공경하는 마음을 높여서 모두의 풍요를 꾀했으면 한다.

# 남의 일도
# 내 일처럼 생각하라

한 가지를 듣더라도, 한 가지를 보더라도 자신의 일처럼 생각하는 마음이 있으면 보고 들은 것이 사무치게 와 닿아 여러 가지 감회가 생겨난다.

우는 사람을 보면 내 일처럼 느껴져 같이 울게 되는데, 이것은 세상의 기쁨도 슬픔도 내 일처럼 생각하는 마음속에서 무한히 깊어지기 때문이다.

그저 타성에 젖어서 하루하루를 보내고, 목숨을 걸고 몰두할 정도의 마음도 경험도 없으며, 그래서 무엇을 보든

든든 내 일처럼 여기지 못한다. 하나부터 열까지 남의 일이며, 모든 것이 나와는 상관없는 일이다.

이것도 인생을 사는 방식 중 하나이기는 하겠지만, 관점에 따라서는 참으로 밋밋한 인생이라고도 말할 수 있을 것이다.

인간이 인생을 살 때, 남의 일을 내 일처럼 여기는 것은 중요하다.

이것은 개인에게만 해당하는 이야기가 아니다. 내 일처럼 여기는 마음으로 주변을 다시 한번 둘러보고, 내가 사는 나라에 관해서도 내 일이라는 생각으로 다시 한번 곰곰이 생각해 보길 바란다.

이것은 꿈에 불과한 것일까?

다만, 같은 나라에 사는 사람으로서

마음과 마음을 모으고, 손과 손을 맞잡고,

이 나라의 번영과 평화와 행복을

한마음으로 추구할 수는 없을까?

진지해지면 의견 대립도 있을 것이다.

하지만 모두의 바람이 하나라면

반드시 높은 조화와 힘이 생겨나리라.

그것은 결코 꿈이 아닐 터이다.

# 10장

보람 있는 인생을
살아가기 위해

# 진실을 마주한다

인간은 어떤 관점으로 바라보느냐에 따라 무엇이든 참아 낼 수 있다. 아무리 괴로운 일도 견뎌 낼 수 있다. 그뿐만이 아니라 불쾌한 일도 밝게 만들 수 있으며, 괴로운 일도 즐거운 일로 만들 수 있다. 전부 마음가짐 하나, 보는 관점 하나에 달려 있다. 같은 사람이 악마가 될 수도 있고 천사가 될 수도 있는 것 또한 마음가짐 때문이라고 생각한다.

그렇다면 인생에서 절망할 일은 하나도 없지 않을까?

다만 이 관점을 올바르게 가지려면 진실을 알아야 하

며, 또 진실을 가르쳐야 한다. 요컨대 세상의 참모습을 알아야 한다.

물론 애정은 소중하다. 하지만 불쌍하다든가 측은하다는 생각에서 애정에 휩쓸려 진실을 말하지 않는 것은 진정한 애정이 아니다. 불행이란 참모습을 모르는 것이다. 진실을 모르는 것이다.

인간은 사실 위대한 존재다. 진실에 직면하면 오히려 크게 깨닫고 차분한 심경이 된다. 그러므로 우리가 모두 올바른 관점을 갖기 위해서는 솔직한 마음으로 항상 진실을 이야기하며 서로에게 진실을 가르쳐야 한다.

# 씻기는 감자처럼
# 사람도 단련된다

이제 시내에서는 보기가 어려워졌지만, 그래도 이따금 생각지 못한 곳에서 감자를 씻는 그리운 광경을 볼 때가 있다.

커다란 나무통에 감자를 가득 담고, 그 통의 가장자리에 젊은이가 서서 통나무 봉 두 개로 힘차게 휘젓는다. 그 힘에 밀려서 감자가 위에서 아래로, 아래에서 위로, 그리고 오른쪽, 왼쪽으로 이동하면서 큰 감자와 작은 감자가 나타났다가는 사라지고, 사라졌다가는 나타난다.

위에 있는 감자도 언제까지나 위에 있지는 않다. 또 아래에 있는 감자도 언제까지나 밑에 깔려 있기만 하지는 않는다. 이윽고 위로 올라오고, 또 아래로 내려간다.

왠지 인생의 축소도를 보는 느낌이다. 인생을 살다 보면 크고 작은 부침을 겪게 된다. 올라가기만 하지도 않고, 내려가기만 하지도 않는다. 올라갔다 내려가기를 반복하는 사이에 사람은 씻기고 단련된다. 그러므로 때마침 위에 있다고 해서 우쭐할 필요도 전혀 없고, 아래에 있다고 해서 비관할 필요도 없다. 언제나 솔직하고 겸허하게, 그리고 명랑하게 희망을 품고 걷는 것이 중요하다.

우쭐한 기분이나 비관적인 마음이 생겼다면 감자를 씻는 풍경을 떠올리는 것도 조금은 도움이 될 것이다.

# 연말은 넘길 수 있어도
# 삶의 끝은 넘길 수 없다

한 해의 시작이 있으면 끝도 있는 것은 당연한 일이므로 이제 와서 허둥댈 필요도 없지만, 역시 연말이 되면 이래 저래 허둥대게 된다. 1년 365일의 마지막을 확실히 마무리 하고 싶은 것이리라.

인간이 태어났으면 언젠가 죽는 것은 당연한 일이므로 죽음이 가까워졌다고 해서 당황할 필요도 없지만, 그때가 다가오면 역시 마음이 어수선해진다. 연말은 억지로라도 넘길 수 있지만 인생의 마지막은 그런 식으로 넘길 수가 없다.

연말은 넘기면 새해가 찾아온다. 하지만 인생의 마지막은 그것으로 끝이다. 참으로 융통성이 없다.

하지만 융통성이 없기에 진지해지는 측면도 있어서, 융통성이 있는 것도 좋지만 융통성이 없는 것 또한 얻게 되는 것이 있다.

다양한 사람이 있고, 다양한 일이 일어난다. 이래저래 불안하겠지만, 인생의 마지막에는 융통성이 없는 일선一線이 있음을 알고 평소에 마음가짐을 굳게 먹어야 한다.

뻔한 이야기이지만, 뻔한 이야기인 만큼 계속해서 자신에게 들려 주길 바란다.

# 인정하고 책임진다

인간은 신이 아니기에 나무랄 곳이 하나도 없는 행동은 기대할 수 없다. 때로는 잘못을 저지르고, 때로는 실수한다. 그것은 그것대로 좋지만, 언제 어떤 때라도 자신의 잘못을 솔직하게 자각하고 언제라도 목숨으로 책임지겠다는 강한 각오를 갖는 것은 중요하다.

옛 무사가 당당했던 것도 자신의 잘못에 대해 쓸데없이 항변하지 않고 잘못을 잘못으로 인정하며 솔직하게 자신의 진퇴를 생각했기 때문으로, 이런 태도에서 수업을 쌓은 인간의 훌륭함을 엿볼 수 있다.

어렵다면 어려운 일이지만, 그렇다고 해도 요즘 사람들은 너무나도 여리다. 수련이 부족하다고나 할까, 훈육이 덜 되었다고나 할까, 자기 잘못을 솔직하게 인정하기는커녕 반대로 어떻게든 항변하고 싶어 한다. 게다가 나서야 할 때와 물러서야 할 때를 잘못 판단해 궁지에 몰리며, 결국 자포자기해 자신도 상처를 입고 타인에게도 상처를 준다. 이래서는 번영도 평화도 행복도 기대할 수 없다.

자기 잘못을 솔직하게 인정하고 언제라도 목숨으로 책임진다. 이 마음가짐을 평소에 충분히 키워 놓길 바란다.

# 덕은
# 근면에서 생겨난다

천재지변이 아니더라도 힘들게 쌓아 올린 거액의 부를 어떤 일로 하루아침에 잃어버리는 경우는 종종 있다. 형체가 있는 것은 언젠가 사라진다고는 하지만, 참으로 무상한 모습이라고 말할 수 있으리라.

하지만 몸에 익힌 기술이나 습성은 살아 있는 한 잃어버리지 않는다. 의지할 것은 역시 몸에 밴 기술, 몸에 밴 습성이다.

그러므로 무엇이든 한 가지라도 좋으니 좋은 기술, 좋은

습성을 익혀야 하는데, 그중에서도 이른바 근면의 습성은 무엇보다 귀중하다.

근면은 기쁨을 낳고, 신용을 낳고, 부를 낳는 인간의 중요한 덕 중 하나다. 덕인 이상, 이것을 쌓으려면 부단한 노력이 필요하다.

스모에서 강해지려면 진지한 연습을 부단히 쌓아 나가야 하듯, 근면의 습성이 몸에 배게 하려면 먼저 하루하루를 근면하게 살고자 노력해야 한다. 그 노력이 쌓여서 근면의 습성이 몸에 배고, 그 습성에서 비로소 덕이 생겨난다.

우리 모두 근면의 덕을 쌓았으면 한다.

# 지혜에도
# 폭이 있다

현명한 사람과 어리석은 사람 사이에는 굉장히 큰 차이가 있을 것처럼 생각되지만, 더 거대한 자연의 지혜라는 기준으로 바라보면 인간인 이상 현명함에도 어리석음에도 자연스레 한계가 있다. 아무리 현명한 사람이라도 신 같은 지혜는 없으며, 아무리 어리석은 사람이라도 개나 고양이보다도 못한 경우는 거의 없다.

인간은 신체와 마음의 99퍼센트를 대자연으로부터 부여받으며, 대자연의 은혜를 입고 있다. 자신이 생각한 대로 되는 것은 사실 아주 일부에 불과하다.

그 작은 지혜의 폭 사이에 다양한 사람이 있고 다양한 삶의 방식이 있다. 약간의 현명함을 자랑하고 사소한 어리석음을 비하하는 것이 무슨 의미가 있겠는가? 결국 유치한 감정이 아닐까?

인간이 지닌 지혜의 폭은 작다. 현명함 속에도 어리석음이 있고, 어리석음 속에도 현명함이 숨어 있다.

작은 현명함과 어리석음 속에서 서로의 작은 마음을 어지럽히지 말자. 그리하여 자신에게 주어진 인생을 평탄하게, 평온한 마음으로 걷자.

# 흉내부터 내기 전에
# 알아야 할 것

도쿠가와 이에야스라는 사람은 상당히 대단한 인물이었다. 좋아하는 사람도 있고 싫어하는 사람도 있겠지만, 어쨌든 천하를 안정시키고 300년에 걸친 평화로운 세상의 기초를 쌓은 것을 보면 틀림없이 어딘가 뛰어난 점이 있었을 터이다. 그렇기에 도쿠가와 이에야스 열풍이라는 말이 나올 만큼 그를 소재로 한 소설이 많은 사람에게 읽히고 사랑받은 것이다.

하지만 이에야스가 대단하다고 해서 그를 그대로 흉내

내려 하는 것은 잘못된 생각이다. 이에야스이기에 그 길을 걸을 수 있었던 것이다. 설령 이에야스 이상의 인물이 있다 해도 흉내 내려는 마음가짐만으로는 아마도 실을 잘못 들어설 것이다.

물론 무엇인가를 익히는 것은 흉내 내기에서 시작한다. 아이의 걸음마를 봐도 잘 알 수 있다. 하지만 오이 넝쿨에서 가지가 나지는 않는다. 감 씨앗을 뿌리면 감나무가 자라며, 매화나무에서는 매화꽃이 핀다.

사람 또한 모두가 다르다. 감처럼, 매화꽃처럼, 사람마다 자신의 특질이 있다. 자신의 그 특질을 명확히 자각하고 인식하는 것이 중요하다.

자주성을 갖자. 흉내 내기는 그 토대 위에서 하는 것이다.

# 정신을 드높여라

선禪 수업은 매우 엄격하다. 몸을 조금만 움직여도 즉시 경책警策이라는 막대로 얻어맞는다. 아프다고도 말하지 못하고, 괴롭다고도 말하지 못한다. 엄격한 계율에 둘러싸여서 젓가락을 올리고 내리는 것조차 자유롭게 하지 못한다. 방종해진 사람은 단 한순간도 견디지 못할 것이다.

하지만 그 엄격한 계율도 회를 거듭하고 시간이 흐름에 따라 점차 고통이 아니게 되어 간다. 계율을 계율이라고 생각하는 동안은 고통이다. 하지만 그 계율이 어느덧 몸에 배어 일상생활 속에서 자연스러운 행동으로 나타날 때, 그것은 이제 고통이 아니다. 그리고 이 엄격함을 고통으로 느끼지 않게 되었을 때, 단련된 인간의 아름다움이 스며 나온다.

인간은 본래 위대한 존재다. 훌륭한 존재다. 하지만 그 훌륭함은 그냥 내버려둬서는 나타나지 않는다. 편한 길을 택하는 것이 인간의 심리이지만, 편안한 나날이 반복된다면 인간의 약한 모습만이 드러날 것이다.

우리에게 주어진 인간의 아름다움을 갈고닦기 위해, 엄격함을 고통으로 느끼지 않는 수준까지 정신을 드높이자.

# 경험의 위대함

이런 가정을 해 보자. 여기에 수영의 달인이 있다. 그리고
그 달인에게서 수영을 잘하는 방법에 관해 강의를 받았
다. 이를테면 3년 동안 쉬지도 게으름을 부리지도 않고 강
의를 받아서, 수영의 이치와 마음가짐에 관해 세세한 부
분까지 친절하고 꼼꼼하게 설명을 들었다. 그리고 졸업 허
가를 받았다. 그런데 과연 그것만으로 곧바로 헤엄을 칠
수 있게 될까?

아무리 성적이 우수한 학생이라도 강의만 듣고 곧바로

물에 뛰어든다면 즉시 허우적거릴 것이 틀림없다. 강의를 듣기만 해서는 헤엄칠 수 없는 것이다.

실제로 물속에 들어가야 한다. 그리고 허우적대다 물도 먹어 보고, 때로는 죽을 뻔도 해야 할 것이다.

그렇게 할 때 비로소 물에 뜨게 되고, 헤엄치는 요령도 몸에 밴다. 경험의 위대함은 바로 여기에 있다.

가르침은 이런 경험의 토대 위에서 비로소 빛을 발한다. 단순히 가르침을 듣기만 하면 무엇이든 할 수 있으리라는 착각은 삼가기 바란다.

# 헤치고 들어가라

산과 들을 헤치고 들어갔을 때만 생각지도 못한 길이 나오는 것이 아니다. 지금까지 이것이 제일 좋은 것이라고 생각했는데, 이윽고 더 좋은 것이 만들어진다. 그 결과 이전의 것은 낡은 것이 되고, 우리는 더욱 풍요로운 생활을 즐길 수 있게 된다.

이런 일은 일상생활에서 시시각각 일어나는데, 그것은 설령 자신이 생각해 내지 않더라도 수많은 사람 중 누군가가 '이것으로 충분해', '이것으로 끝이야' 하고 포기하지 않고 '더 나은 방법이 있을 거야', '더 좋은 생각이 있을 거야'라는 진지한 마음을 가지고 노력을 거듭한 덕분이다.

인류의 긴 역사는 때때로 굴곡은 있을지언정 전체적으로는 이렇게 발전의 길을 걸어왔다. 그리고 앞으로도 끝없이 발전할 것이 틀림 없다. 인간은 사실 위대한 존재인 것이다.

우리 또한 그런 인류 역사의 한 페이지를 담당하고 있다.

그러므로 무엇이든 '이것으로 충분해', '이것으로 끝이야'라고 안일하게 생각하지 말고 헤치고 들어가면 생각지도 못했던 길이 나올 수도 있다. 그런 마음으로 하루하루 열심히 걸어 나가자.

우리는 모두 이 나라의 국민이며

이 나라가 나아가야 할 길을 스스로 선택히고

결정하는 주권자임을 잊지 말았으면 한다.

이 나라는 물론이고 세계의 번영을 위해 필요한 것

우리 국민의 평화와 행복을 위해서 중요한 것을

하나하나 세밀하고 올바르게 파악하자.

이 나라를 일할 보람이 있고 능률적인

진정한 민주주의국가로 만들기 위해

11장

더 나은 나라를
만들기 위해

# 나라의
# 길을 연다

사람은 다양하다. 그렇기에 다양한 인생이 있고, 다양한 길이 있다. 그 어떤 길이든, 설령 그것이 고요한 길이라 해도 자신의 길을 개척하며 나아가는 것은 결코 쉬운 일이 아니다. 저마다 최선을 다하는 마음가짐이 담겨야 한다. 멍하니 있거나 다른 사람에게 맡겨서는 길이 열리지 않는다.

하지만 더 어려운 것은 나라의 길을 개척하는 것이 아닐까?

아무리 자신의 길을 열고자 정진을 거듭해도 나라의 길이 열리지 않으면 결국 그것은 사상누각일 뿐이다. 누군가가 어떻게 해 주리라 생각한들 그 누구도 그 무엇도 해 주지 않는다.

사람이 걷는 길도 나라가 걷는 길도 결국 똑같지 않을까? 멍하니 있어서는 길이 열리지 않는다. 다른 사람에게 맡겨서는 길이 열리지 않는다. 결국은 다른 사람과 함께 열심히 궁리해, 자신의 길을 열듯 나라의 길을 열어야 한다.

그것이 바로 민주주의의 역할이며 또한 그럴 수 있는 것도 민주주의다. 이에 대해 우리 모두 거듭 생각해 봤으면 한다.

# 각오는 되었는가

일을 하다가 중요한 순간에 당황하지도 허둥대지도 않고 평소의 각오를 보여주며, 심지어 결연하고 태연자약하게 임하는 것은 누구에게나 굉장히 어려운 일이다. 그만큼 무의식중에 하루하루를 헛되이 보내고 있다는 뜻이며, 그렇기에 막상 "각오는 되었는가?"라는 질문을 받으면 어찌할 줄 모르고 망연자실한다. 결연함이나 태연자약함은 찾아볼 수 없다.

하지만 곰곰이 생각해 보면 우리는 하루하루를 살아가

는 가운데 수시로 그 각오를 시험받고 있다. 가령 오늘날의 이 교통지옥 속에서는 집 밖으로 한 발만 나가도 언제 어떤 위험이 자신을 덮칠지 알 수 없으며, 이미 이 시점에 그 각오를 시험받고 있는 셈이다.

모든 일에 관해서 다양한 형태로 "각오는 되었는가?"라는 질문을 계속 받고 있는 것이다. 이것을 스스로 깨닫고 자문자답하고 있는지 아닌지는 그 사람의 마음가짐에 달려 있을 것이다. 하물며 현재의 사회 정세, 경제 정세는 세계의 움직임과 함께 한순간의 방심도 용납되지 않는 양상을 띠고 있다. 항상 "각오는 되었는가?"라는 질문을 받을 각오를 하고 있어야 한다.

# 모든 일의 바탕은
# 신념이다

옛 상인들은 '가게의 운영 방침과 포렴'이라는 것을 굉장히 중시했다. 때로는 자신의 생명보다도 더 중요하게 여겼다. 가게에 전해져 내려오는 운영 방침과 포렴을 지키는데 상인으로서 생명을 걸었고, 이것에 강한 신념과 자부심을 느꼈다. 그것이 좋은지 나쁜지는 둘째 치고,『하가쿠레』에 나오는 "무사도란 죽음을 각오하는 것이다"라는 무사의 신념과 이런 태도에는 일맥상통하는 측면이 있다. 그리고 여기에 근성이라고 불리는 것의 원천이 있다.

시대가 변했고 사람들의 생각도 변했다. 하지만 신념을 갖고 사는 일의 고귀함은 조금도 변하지 않았다. 아니, 지금만큼 일을 이루기 위해 신념을 갖는 것의 중요성이 절실히 느껴지는 때는 없었다. 위정자에게 신념이 없으면 나라는 망한다. 경영자에게 신념이 없으면 사업은 망한다. 그리고 점주에게 신념이 없으면 가게는 망한다. 자부심을 잃고 갈팡질팡할 때가 아니다.

올바른 국가 운영 방침을 정하고, 자랑스러운 회사 경영 방침을 정하고, 강력한 가게 운영 방침을 정한 다음, 강한 신념을 바탕으로 모두 함께 확고한 발걸음을 내디뎌야 한다. 여기에서부터 국가, 사업, 가게, 그리고 우리 개개인의 진정한 번영이 이루어질 것이다.

# 내 일이라 생각해야
# 흥한다

세상에는 수많은 만담가와 이야기꾼이 있지만, 그중에도 잘하는 사람과 서툰 사람이 있다. 똑같은 소재라도 만담의 달인이 하면 너무 웃어서 배가 아플 만큼 재미있지만, 서툰 사람이 하면 재미있지도 않고 웃기지도 않다. 하물며 초보자가 하면 청중은 하품이 날 만큼 따분한 이야기를 억지로 듣느라 시간을 낭비하게 된다. 재료는 같은데 왜 이런 차이가 생기는 것일까?

　그 원인으로는 개성도 있을 것이고, 적성도 있을 것이

다. 수련의 차이도 있을 터이며, 궁리의 차이도 있을 것이
다. 여기에 열의의 차이, 진지함의 차이, 연구심의 차이 등
등이 종합되어서 하늘과 땅만큼의 차이를 만들어 내는 것
인지도 모른다.

그래도 만담이라면 아무리 서툴다 한들 시간 낭비로 끝
나지만, 한 나라의 정치쯤 되면 그렇게 간단한 문제로 끝
나지 않는다. 같은 국토, 같은 국민, 같은 국부…. 즉 재료
는 같아도 정치를 어떻게 하느냐, 정치가의 마음가짐이 어
떠한지에 따라 국가의 성쇠, 국민의 행복과 불행이 근본
적으로 좌우된다. 국가의 운영도 회사의 경영도, 또 가게
의 경영도 단체의 운영도 전부 똑같다고 말할 수 있을 것
이다.

남의 일이 아니다. 내 일이다. 내 일이라는 생각으로 한
번 더 정치에 관해 곰곰이 생각해 봤으면 한다. 경영에 관
해 곰곰이 생각해 봤으면 한다. 그리고 자신이 개인으로
서, 또 국민으로서 어떤 모습이어야 할지 조용히 되돌아
봤으면 한다.

# 평화와 전쟁 사이

평화와 전쟁은 본래 양립할 수 없는 것으로, 말의 측면에서나 사실의 측면에서나 완전히 정반대다. 평화는 어디까지나 평화이고, 전쟁은 어디까지나 전쟁이다.

그런데 요즘은 평화를 위한 전쟁 같은 기묘한 말이 입에서 나오고, 단순히 입에서 나올 뿐만 아니라 그 말을 근거로 엄청난 싸움이 벌어지고 있다. 이것은 어쩌면 그 나름대로 논리가 있는 것일지도 모르지만, 아무리 논리를 앞세운들 양립하지 않는 것은 결국 양립하지 않는다.

전쟁의 비참함은 이제 전 세계의 모두가 몸으로 느꼈을 것이다. 그렇기에 세계의 사람들은 평화를 얻기 위해 전쟁을 일으킨다는 식의 어리석은 생각을 최대한 삼가고 평화 속에서 평화를 얻고자 진지한 노력을 거듭하고 있다.

우리도 이제 슬슬 어른이 되어야 할 시기다. 친해지려고 주먹다짐을 한다는 식의 치기 어린 행동은 이제 그만두고 평화로운 대화 속에서 평화로운 번영의 생활을 획득할 수 있도록 최선을 다해 궁리해야 한다.

이런 문제들이 우리 주변에 너무나 흔하다.

# 담소로도 풀린다

제2차세계대전이 끝난 뒤에는 우리에게도 언론의 자유가 허용되었고, 그 덕분에 세상이 꽤 밝아졌다. 하지만 반면에 이러쿵저러쿵 떠들어 대는 무리가 늘어나, 묵묵히 일한다는 기풍이 조금은 흐려진 듯 느껴지기도 한다. 말이 많으면 나라가 번영할 수 없다고 말할 생각까지는 없지만, 다들 이 점을 조용히 반성해 보면 어떨까 싶다.

좋은 자동차는 그 성능이 좋을수록 불필요한 소음을 내지 않는다. 소음은 작으면서도 놀라운 속도로 달리는 것이다. 그런데 나쁜 자동차는 부릉부릉 덜컹덜컹 큰 소음을 내면서도 소음에 비해 속도를 내지 못하고, 기름도 금방 바닥난다.

입에 거품을 물고 격렬히 논쟁을 벌이면서도 일이 전혀 진행되지 않는다면 이것은 나쁜 자동차와 마찬가지로 그다지 칭찬할 만한 모습이 아니다. 역시 좋은 자동차처럼 필요한 최소한의 논쟁으로 그치고, 그것도 담소를 나누며 원활히 진행하는 게 옳다. 그럴 때 비로소 논쟁이 세상의 번영에 진정으로 기여하게 될 것이다.

밝게 이야기를 나누고 묵묵히 일한다. 에너지가 바닥나지 않도록, 국가나 국민이나 이런 자세를 의식했으면 한다.

# 빠르게 깨닫는다

인간의 신체 구조는 참으로 복잡하고 또 교묘하게 만들어져 있다. 신만이 가능한 일인지도 모르지만, 인공위성의 구조가 아무리 복잡하다고 한들 결국 인체의 신비에는 상대가 되지 못한다. 관점에 따라서는 우주의 광대함과 신비함이 그대로 인간의 신체에 재현되었다고 해도 과언이 아닐 것이다.

그만큼 복잡하고, 그만큼 크다. 그럼에도 발끝을 바늘로 살짝 찌르면 그 감각을 금방 깨닫는다. 신경이 구석구석까지 촘촘하게 퍼져 있어서, 어떤 부위의 그 어떤 작은 변화도 지체 없이 머리에 알린다. 그렇기에 기민하고 적절한 행동도 할 수 있는 것이다.

사람과 사람이 모여서 조직을 만든다. 상점, 회사, 이런저런 단체…. 가장 큰 조직은 국가다. 그런 조직의 말단을 살짝 찔렀을 때 곧바로 깨닫는가? 지체 없이 반응을 보일 수 있는가? 합리화라든가 생산성 향상 같은 것도 사실은 이 지체 없이 반응을 보일 수 있는 체제에서 만들어지는 것이다. 진정한 의의는 여기에 있다.

우리 모두 다시 한번 생각해 보는 게 어떨까? 회사, 상점, 그리고 가장 중요한 조직인 국가에 관해서.

# 정치란 무엇인가

어떤 일이든 그것은 모두가 공존하기 위한 것이다. 하나의 일은 다른 일과 연결되며, 그 일들이 연결되어서 세상이 움직인다. 그러므로 나 하나의 편의를 위해 그 일을 멋대로 좌우하는 것은 모두에게 피해를 주는 행동이며, 도의적으로도 용납되지 않는다. 나의 일은 내 것인 동시에 내 것이 아니다.

　그중에서도 정치라는 일은 1억이 넘는 모든 국민과 직접적으로 연결되어 있으며, 잘하느냐 못하느냐가 즉시 국민의 행복과 불행을 좌우한다. 그런 만큼, 정치라는 일은 좀 더 존경받아도 되며 정치가는 좀 더 우대받아도 된다고 생각한다.

하지만 현실은 어떤가? 얼마 전에 한 방송에서 "크면 뭐가 되고 싶니?"라는 아나운서의 질문에 한 초등학생이 "저는 싸움을 못해서 정치가는 못 될 것 같아요"라고 천진난만하게 대답하는 모습을 봤다.

그 말을 듣고 웃는 것은 스스로 자신의 행복을 걷어차는 행위라고 말할 수 있으리라. 정치라는 일이 경시되고 정치가가 존경받지 못하는 나라가 번영할 수 있을 리가 없다.

그 책임은 누구에게 있을까? 뽑은 국민일까, 뽑힌 정치가일까?

# 너무 많은 것을
# 바라고 있진 않은가

"힘들 때만 신을 찾는다"라는 말이 있는데, 인간은 어려움에 빠져서 절박해지면 역시 두 손을 모으고 신에게 기도하고 싶어진다. 부디 제 소원을 들어 주십시오. 이렇게 두 손 모아 빕니다…. 수많은 소원과 요구를 들어 주느라 신도 힘이 들 것이다.

이 또한 어쩔 수 없는 인간의 심리이기는 하지만, 그렇다고 해도 너무 많은 것을 바라고 있지는 않을까? 너무 많은 것을 부탁하고 있지는 않을까? 지나치게 의지하고 있는 것은 아닐까?

두 손을 모으는 행동은 사실 신 앞에서 자신을 바로잡고 자신이 잘못을 줄이겠다고 마음속으로 결심하기 위함이다. 부탁하고 바라는 것이 아니다. 바라지 않고 자신을 바로잡는 모습이 진정으로 경건한 모습이라고 말할 수 있을 것이다.

이것은 신에 대해서만 해당하는 이야기가 아니다. 일상생활 속에서도 지나치게 타인을 의지하고, 타인에게 너무 많은 것을 바라고 있지는 않은가? 바라지 말고 자신을 바로잡는 자세를 조금 더 키워 봤으면 한다. 개인도, 단체도, 또 국가도. 여기에 인간으로서, 또 국가로서 진정한 자주독립의 모습이 있다고 생각한다.

# 대중에게 봉사하라

대중은 어리석다. 그러므로 이 어리석은 대중에게 의견을 물어보기보다는 위대한 현자 한 명이 나타나서 독재적으로 정치를 하는 것이 가장 바람직하다. 먼 옛날 누군가가 이런 생각을 세상에 주장했고, 그것이 지금도 일부 사람들 사이에서는 훌륭한 의견으로서 존경받고 있는 모양이다.

분명히 대중에게는 그런 일면이 있는지도 모른다. 그리고 그런 생각에서 수많은 잘못된 독재정치, 권력정치가 탄생해 불행한 대중을 더욱 불행에 빠트려 왔다. 하지만 시대는 나날이 진보하며, 사람 또한 나날이 진보한다. 지금의 대중은 매우 현명하고 또 매우 공정하기도 하다. 이 사실을 잘못 인식하는 사람은 민주주의의 진정한 의미에서 벗어나 민주정치의 육성을 저해하고 자신의 무덤을 파게 될 것이다.

다시 한번 말하지만, 오늘날의 대중은 매우 현명하고 또 매우 공정하다. 그러므로 이것을 믿고 이 생각을 기반으로 대중에게 최대한 봉사를 하는 것이 민주주의의 진정한 사명이며, 여기에 민주주의의 진정한 정신이 숨어 있다고 생각한다.

국가 번영을 향한 길도 여기에서 시작된다.

# 댐 같은 마음가짐

비가 내린다. 산에 내린다. 내린 비는 땅속으로 스며들어서 골물이 되고, 강이 되어서 평야를 적시고 바다로 흘러간다. 이 흐름이 원활하면 문제가 없지만, 조금 흐트러지면 홍수가 나기도 하고 반대로 가뭄이 들기도 한다. 물을 계속 흘려보내기만 한 결과다.

그래서 댐을 생각한다. 계속 흐르기만 하던 물의 흐름을 멈추고, 멈춰서 고인 물을 유용하게 사용한다. 여유를 갖고 적절하게 방출한다. 이 또한 인간의 진보한 지혜 덕분

일 것이다.

강에 댐이 필요하듯이, 생활에도 댐이 필요하다. 물심양면에서 댐이 필요하다. 빈둥빈둥 시간을 흘려보내기만 하는 생활은 지혜가 없는 생활이다.

큰 강은 큰 강대로 작은 천은 작은 천대로 그에 상응하는 댐이 만들어지듯, 저마다 다양한 지혜를 발동한다면 다양한 댐을 만들어 낼 수 있을 터이다.

이것은 개인의 생활에만 해당하는 이야기가 아니다. 장사를 할 때도, 사업을 경영할 때도 이 댐과 같은 마음가짐이 꼭 필요하다. 그리고 더 중요한 국가 운영할 때도 이런 댐을 만들었으면 한다. 국가와 국민의 안정된 번영, 진정한 번영을 위해.

# 좋은 나라를
# 생각하다

꽃이 지고, 어린잎이 움트고, 눈이 번쩍 뜨일 만큼 푸른 산과 들에 눈이 시릴 만큼 파란 하늘이 이어진다. 가벼운 옷차림에 기분 좋은 훈풍이 스쳐 지나고, 귀여운 아이들이 즐거워하는 목소리 너머로 잉어 깃발이 펄럭인다.

5월의 초봄이다. 이 계절에도 아름다운 자연은 생생하게 맥동하고 있다.

봄이 있고, 여름이 있고, 가을이 있고, 겨울이 있다. 우리가 살고 있는 이 나라는 좋은 나라다. 자연만이 아니다.

풍토만이 아니다. 긴 역사 속에서 배양된 수많은 정신적 유산이 있다. 여기에 하늘이 내려 준 뛰어난 국민적 소질이 있다. 근면하고 성실한 국민성이다.

이런 좋은 나라는 세계를 둘러봐도 그리 많지 않다. 그러므로 이 좋은 나라를 더 좋게 만들고 모두 사이좋게, 몸도 마음도 풍요롭게 살았으면 한다.

좋은 것이 있어도 그 좋은 점을 모른다면 없는 것이나 다름없다.

다시 한번 이 나라의 좋은 점을 되돌아보고 국민으로서의 자부심을 새롭게 품도록 하자.

## 마쓰시타 고노스케松下幸之助는 누구인가

파나소닉(구 마쓰시타전기산업) 그룹의 창시자이자 PHP 연구소의 창설자. 1894년에 와카야마 현에서 태어났으며, 9세에 홀로 오사카로 떠나 화로 가게와 자전거 가게에서 사환으로 일한 뒤 오사카전등(현재의 간사이전력)에서 근무했다. 1918년에 23세의 나이로 마쓰시타전기기구제작소(1935년에 마쓰시타전기산업으로 명칭을 변경)를 창업했다. 1946년에는 'Peace and Happiness through Prosperity(번영을 통해 평화와 행복을)'이라는 슬로건을 내걸고 PHP 연구소를 창설했다. 1979년에 21세기를 짊어질 지도자 육성을 목표로 마쓰시타정경숙을 설립했다. 1989년에 향년 94세로 타계했다.

| 1894년 | 11월 27일 와카야마 현 가이소 군 와사 촌 센단노키(현재의 와카야마 시 네기)에서 마쓰시타 마사쿠스와 도쿠에의 삼남으로 출생 |
| 1899년(4세) | 부친의 쌀 선물거래 실패로 와카야마 시내로 이주 |
| 1904년(9세) | 진조 초등학교 4학년 때 중퇴, 홀로 오사카로 떠나 미야타화로점에 사환으로 취직 |

| | |
|---|---|
| **1905년**(10세) | 고다이자전거상회에 사환으로 취직 |
| **1906년**(11세) | 부친 병으로 사망 |
| **1910년**(15세) | ㈜오사카전등에 내선계 견습공으로 입사 |
| **1911년**(16세) | 내선계 견습공에서 최연소 공장 책임자로 승진 |
| **1913년**(18세) | 모친 병으로 사망 |
| **1915년**(20세) | 이우에 무메노(19세)와 결혼 |
| **1917년**(22세) | 공장 담당자에서 최연소 검사원으로 승진, ㈜오사카전등을 퇴사, 오사카 이카이노에서 소켓 제조 판매에 착수 |
| **1918년**(23세) | 3월 7일 오사카 시 기타 구 니시노다오히라키 정(현재의 후쿠시마 구 오히라키)에 마쓰시타전기기구제작소를 개설, 어태치먼트 램프, 이등용二灯用 플러그 제조·판매를 개시 |
| **1923년**(28세) | 포탄형 배터리식 자전거 램프를 고안, 발매 |
| **1925년**(30세) | 연합구회 의원 선거에 후보로 추대되어, 2등으로 당선 |
| **1927년**(32세) | 각형 램프에 최초로 '내셔널' 상표를 붙여서 발매 |
| **1929년**(34세) | 마쓰시타전기제작소로 개명. 강령과 신조를 제정하고 마쓰시타전기의 기본 방침을 명시, 세계공황이 발생했지만, 반나절 근무, 생산 반감, 급여 전액 지급을 실행해 직원 해고 없이 불황을 극복 |
| **1931년**(36세) | 라디오 수신기가 NHK 도쿄의 라디오 세트 콩쿠르에서 1등 차지, 건전지의 자사 생산을 개시 |
| **1932년**(37세) | 창립 기념일을 5월 5일로 제정하고 제1회 창립 기념식을 거행해 산업인의 사명을 천명하고 이 해를 메이치命知 원년으로 삼음 |
| **1933년**(38세) | 사업부제를 실시, 조회朝會·석회夕會를 전 사업소에서 개시, 오사카 부 기타카와치 군 가도마 촌(현재의 가도마 시)으로 본점을 옮김, '마쓰시타전기가 지켜야 할 다섯 정신'(1945년에 일곱 정신이 됨)을 제정 |
| **1934년**(39세) | 마쓰시타전기 점원 양성소를 개교하고 소장으로 취임 |

| 1935년(40세) | 마쓰시타전기제작소를 주식회사 조직으로 만들어 ㈜마쓰시타전기산업을 설립. 동시에 기존의 사업부제를 분사제로 바꾸고 9개 분사를 설립 |
|---|---|
| 1940년(45세) | 제1회 경영 방침 발표회를 개최(이후 매년 개최됨) |
| 1943년(48세) | 군의 요청으로 ㈜마쓰시타조선, ㈜마쓰시타비행기를 설립 |
| 1945년(50세) | 제2차세계대전에서 일본 패전. 그 이튿날, 간부 사원을 모아 평화산업으로 복귀를 통해 일본을 재건하자고 호소, 8월 20일에 '마쓰시타전기의 모든 종업원에게 고함' 특별 훈시를 실시, 난국에 대처할 각오를 밝힘 |
| 1946년(51세) | 마쓰시타전기와 마쓰시타 고노스케가 GHQ로부터 재벌 가족 지정, 공직 추방 지정 등 일곱 가지 제한을 받음(1946년 3월~1948년 2월), 전국 대리점, 마쓰시타산업노동조합이 공직 추방 제외 탄원 운동 전개, 11월 3일, PHP 연구소를 창설하고 소장으로 취임 |
| 1949년(54세) | 기업 재건 합리화를 위해 처음으로 희망퇴직 실시, 부채가 10억 엔이 되어, 세금 체납 왕으로 보도됨 |
| 1950년(55세) | 모든 제한이 해제됨에 따라 상황이 호전되고, 경영도 위기를 벗어나 긴급 경영 방침 발표회에서 "폭풍이 휘몰아치는 가운데 마쓰시타전기가 드디어 일어섰다"라고 경영 재건을 선언 |
| 1951년(56세) | 연초 경영 방침 발표회에서 "'마쓰시타전기는 오늘부터 다시 개업한다'라는 마음가짐으로 경영에 임하고 싶다"라고 호소, 두 번에 걸쳐 서양 시찰 실시 |
| 1952년(57세) | 유럽을 방문해, 네덜란드의 필립스사와 기술제휴를 체결 |
| 1961년(66세) | ㈜마쓰시타전기산업의 사장에서 물러나 회장으로 취임 |
| 1962년(67세) | 『타임』지의 커버스토리를 통해 전 세계에 소개됨 |
| 1964년(69세) | 아타미에서 전국 판매 회사 대리점 사장 간담회를 개최 |
| 1968년(73세) | 마쓰시타전기 창업 50주년 기념식을 거행 |
| 1972년(77세) | 『인간을 생각하다-새로운 인간관의 제창 人間を考える: 新しい人間観の提唱』을 간행 |

| | |
|---|---|
| **1973년**(78세) | (주)마쓰시타전기산업 회장에서 물러나 상담역으로 취임 |
| **1979년**(84세) | (재)마쓰시타정경숙을 설립하고 이사장 겸 숙장으로 취임 |
| **1981년**(86세) | 훈1등 욱일대수장을 받음 |
| **1982년**(87세) | (재)오사카21세기협회 회장으로 취임 |
| **1983년**(88세) | (재)국제과학기술재단을 설립하고 회장으로 취임 |
| **1987년**(92세) | 훈1등 욱일동화대수장을 수장 |
| **1988년**(93세) | (재)마쓰시타국제재단을 설립하고 회장으로 취임 |
| **1989년**(94세) | 4월 27일 오전 10시 6분에 타계 |

마쓰시타 고노스케는 종종 자신의 뜻을 담은 서예 작품을 관계자들에게 선물하곤 했다(1975년 신년을 맞아 오사카 부 가도마 시의 마쓰시타전기 본사에서 새해 첫 서예에 임하는 모습).

**마스터스 "경영의 정수를 담다"**
마스터스Masters는 시대를 초월하는 경영 원칙과 철학, 거장들의 전략을 전하는 책을 펴냅니다.


마스터스 05

# 마쓰시타 고노스케 길을 열다

**1판 1쇄 인쇄** 2025년 10월 14일
**1판 1쇄 발행** 2025년 11월 05일


**지은이** 마쓰시타 고노스케
**옮긴이** 김정환
**펴낸이** 김영곤
**펴낸곳** (주)북이십일 21세기북스

**정보개발팀장** 이리현 **정보개발팀** 이수정 현미나 이지윤 양지원
**교정 교열** 박지석 **표지 본문 디자인** 푸른나무디자인
**마케팅** 김설아
**영업팀** 정지은 한충희 장철용 강경남 황성진 김도연
**해외기획실** 최연순 소은선 홍희정
**제작팀** 이영민 권경민

**출판등록** 2000년 5월 6일 제406-2003-061호
**주소** (10881) 경기도 파주시 회동길 201(문발동)
**대표전화** 031-955-2100 **팩스** 031-955-2151 **이메일** book21@book21.co.kr

ⓒ 마쓰시타 고노스케, 2025
ISBN 979-11-7357-506-8 03320
KI신서 13796
본문 도판: 게티이미지 제공

**(주)북이십일** 경계를 허무는 콘텐츠 리더

21세기북스 채널에서 도서 정보와 다양한 영상자료, 이벤트를 만나세요!
페이스북 facebook.com/21cbooks          블로그 blog.naver.com/21c_editors
인스타그램 instagram.com/jiinpill21          홈페이지 www.book21.com
유튜브 youtube.com/book21pub

불확실성이 팽배한 시대를 살아가는 모든 이에게
'경영의 신'이 전하는 백만금의 지혜

# 마쓰시타 고노스케 컬렉션

---

누적 600만 부 판매된 60년 초장기 베스트셀러!
마쓰시타 경영의 근간을 담고 있는 마쓰시타 사상의 원전(原典)

**경영의 신이 운명을 개척해온 영원불멸의 원칙**
## 마쓰시타 고노스케
## 길을 열다

마쓰시타 고노스케 지음, 김정환 옮김 | 320쪽 | 각양장 | 값 22,800원

---

만 90세를 앞두고 정리한 일터와 삶에서 얻은 81년간의 지혜
기회가 있을 때마다 자기 자신과 직원들에게 들려주었던 조언들

**경영의 신이 일평생 지켜온 삶의 자세**
## 마쓰시타 고노스케
## 어떻게 살 것인가

마쓰시타 고노스케 지음, 김정환 옮김 | 272쪽 | 각양장 | 값 21,800원

---

마쓰시타 고노스케 경영철학의 정수!
실제 경험에서 비롯된 구체적인 통찰이 담긴 '살아 있는 경영 교과서'

**경영의 신이 들려주는 경영의 기본과 원칙**
## 마쓰시타 고노스케
## 경영이란 무엇인가

마쓰시타 고노스케 지음, 오태헌 옮김 | 576쪽 | 각양장 | 값 29,800원